LE

DERNIER CHOUAN.

IMPRIMERIE DE J. TASTU,
RUE DE VAUGIRARD, N. 36.

LE

DERNIER CHOUAN

OU

LA BRETAGNE EN 1800,

PAR M. HONORÉ BALZAC.

> Elle était parfaitement belle.
>
> Elle lui dit : Qui suis-je pour résister aux désirs de mon Seigneur ? Faire votre volonté sera un sujet de joie jusqu'à ma mort.
>
> Elle frappa fortement deux fois son cou et lui sépara la tête du corps.
>
> JUDITH, ch. 8-12-13.

TOME SECOND.

PARIS

URBAIN CANEL, LIBRAIRE,

RUE DES FOSSÉS-MONTMARTRE, N. 3.

1829

Maures, situé au milieu de la grande rue d'Alençon.

Au son criard de cet équipage, devenu fort rare à cette époque, l'hôte courut se placer sur le pas de sa porte; et, à l'aspect des deux voyageuses, il salua profondément.

Elles entrèrent lestement dans la cuisine; et, pendant qu'elles traversaient cette anti-chambre obligée des auberges de l'Ouest, le postillon, arrêtant l'hôte, lui dit à l'oreille :

— Attention, citoyen Brutus! ce sont de grandes dames, les *bleus* les escortent. Elles paient comme de ci-devant princesses, ainsi...

— Nous boirons un verre de vin ensemble tout à l'heure, mon garçon!..

Mademoiselle de Verneuil, ayant jeté un coup-d'œil sur cette cuisine noircie par la fumée et sur une table sanglante où gissaient des viandes crues, se sauva avec la légèreté d'un oiseau dans une salle voisine. Elle cherchait autant à éviter l'aspect et l'odeur de cette cuisine qu'à se soustraire aux attentions d'un chef malpropre et d'une petite femme grosse comme une tour, qui se dirigeaient sur elle, lorsque l'hôte, la cherchant des yeux, courut après les deux voyageuses.

Francine seule était encore sur le seuil de la porte. Alors l'hôte, s'adressant à elle, lui dit, après avoir jeté un regard rapide sur ceux qui pouvaient l'écouter, de manière à donner à ses paroles l'air d'une confidence :

—Si ces dames désirent se faire servir à part, comme je n'en doute pas, j'ai un repas très-délicat, tout préparé pour une dame et son fils. Ces voyageurs-là ne s'opposeront pas à partager leur déjeuner avec vous, ajouta-t-il d'un air mystérieux, ce sont des personnes de condition!

En prononçant ces derniers mots d'une voix plus basse, l'hôte y mit une certaine finesse, comme s'il eût voulu dire: —Vous êtes des nobles et ils le sont; vous n'aimez pas plus qu'eux à être surveillés; et peut-être venez-vous pour les voir?..

Mais à peine cet hôte indiscret avait-il fini, qu'il se sentit appliquer dans le dos un léger coup de manche de fouet. Il se retourna brusquement et vit derrière lui un petit homme trapu, doucement sorti d'un cabinet voisin, qui, la figure couverte de ses cheveux ramenés sur les yeux, avait par son apparition rendu muets la grosse femme, le chef et son marmiton. L'hôte pâlit en retournant la tête. Le petit homme se dressa sur ses pieds pour atteindre à l'oreille de l'hôte, et lui dit:

—Vous savez ce que vaut une imprudence, une dénonciation... et de quelle couleur est la monnaie dont nous les payons !.. Oh ! nous sommes généreux !..

Il joignit à ces paroles un épouvantable geste.

Quoique la vue de ce personnage fût dérobée à Francine par la corpulence de l'hôte, les phrases sourdement prononcées parvinrent à son oreille. Elle resta comme frappée par la foudre en entendant les sons rauques de cette voix bretonne. Elle seule, au milieu de la terreur générale, s'élança dans la cuisine vers le petit homme; mais ce dernier qui semblait se mouvoir avec l'agilité d'un animal sauvage, sortait déjà par une porte latérale qui donnait sur la cour. Ce que Francine put en apercevoir lui fit croire qu'elle se trompait.

Elle ne vit que la peau fauve et noire d'un ours de moyenne taille. Étonnée, elle courut à la fenêtre; et, à travers les vitres jaunies par la fumée, elle regarda l'inconnu avec stupeur. Il gagnait l'écurie d'un pas traînant; mais avant d'y entrer, il dirigea deux yeux noirs sur le premier étage de l'auberge et de-là sur la calèche comme s'il instruisait quelqu'un des destins de la voiture. Alors, malgré les peaux de bique et grâce à ce mouvement qui lui laissa voir le visage, elle reconnut à son énorme fouet et à sa démarche rampante, quoique agile dans l'occasion, le chouan qui portait le nom de — Marche-à-terre.

Elle l'aperçut indistinctement, à travers l'obscurité de l'écurie, se coucher dans la paille à la manière des bêtes et y prendre une position d'où il pouvait voir tout ce qui se passerait dans l'auberge. Il s'était ramassé de telle sorte que, de loin comme de près, l'espion le plus rusé l'aurait facilement pris pour un de ces gros chiens de roulier, tapis en rond et dormant les pattes placées sous leur gueule.

La conduite de Marche-à-terre prouvait à Francine qu'elle n'avait pas été reconnue par le chouan; et, dans les circonstances délicates où elle se trouvait, elle ne sut si elle devait s'en applaudir ou s'en chagriner. Mais le mystérieux rapport qui existait entre l'observation menaçante du chouan et l'offre de l'hôte, assez commune chez les aubergistes qui cherchent toujours à tirer deux moutures d'un sac, piqua la curiosité de Francine.

Abandonnant alors avec vivacité la vitre crasseuse d'où elle regardait la masse informe et noire qui, dans l'obscurité, lui indiquait Marche-à-terre, elle se retourna vers l'aubergiste. Elle le vit dans l'attitude d'un homme qui a fait un pas de clerc et ne sait comment s'y prendre pour revenir en arrière. Le geste du chouan l'avait pétrifié.

Les cruels raffinemens des supplices dont les Chasseurs du Roi punissaient ceux qu'ils ne faisaient même que soupçonner d'indiscrétion, étaient connus. L'hôte croyait déjà sentir leurs couteaux sur son cou; le chef regardait l'âtre du feu où souvent ils *chauffaient* les pieds de leurs dénonciateurs ; la grosse petite femme, tenant un couteau de cuisine en l'air d'une main et de l'autre une pomme de terre à moitié coupée, contemplait son mari avec terreur; et le marmiton cherchait le secret, inconnu pour lui, de cette silencieuse horreur.

La curiosité de Francine devint plus vive à cette scène muette, dont l'acteur principal était vu par tous quoique absent. Elle fut flattée de la terrible puissance du chouan, et quoiqu'il n'entrât guère dans son humble caractère de faire des malices de femme de chambre, elle était cette fois trop fortement intéressée à pénétrer ce mystère pour ne pas profiter de ses avantages.

—Eh bien ! dit-elle gravement à l'hôte qui fut comme réveillé en sursaut par ses paroles, mademoiselle accepte votre proposition.

—Laquelle?.. demanda-t-il avec une surprise réelle.

—Laquelle? demanda Corentin survenant.

— Laquelle? demanda mademoiselle de Verneuil.

— Laquelle? demanda un quatrième personnage qui se trouvait sur la dernière marche de l'escalier et qui sauta légèrement dans la cuisine.

—Eh bien! de déjeuner avec vos personnes de distinction, répondit Francine impatiente.

— De distinction?.. reprit d'une voix mordante et ironique le personnage arrivé par l'escalier. Quelle mauvaise plaisanterie d'auberge! Mais si c'est cette jeune citoyenne, ajouta-t-il en regardant mademoiselle de Verneuil, que tu veux nous donner pour convive, il faudrait être fou pour s'y refuser, brave homme! — Et il frappa sur l'épaule de l'aubergiste stupéfait. — En l'absence de ma mère j'accepte.

La gracieuse étourderie de la jeunesse déguisait la hauteur insolente de ces paroles qui attirèrent naturellement l'attention de tous les acteurs de cette scène sur ce nouveau personnage.

L'hôte prit alors la contenance de Pilate cherchant à se laver les mains de la mort de Jésus-Christ; et rétrogradant de deux pas vers sa grosse femme, il lui dit à l'oreille :

—Tu es témoin que s'il arrive quelque malheur; ce ne sera pas ma faute! Mais au surplus, ajouta-t-il encore plus bas, va prévenir de tout ça monsieur Marche-à-terre.

Le jeune voyageur était de moyenne taille. Il portait un habit bleu ; de grandes guêtres noires, montant au-dessus du genou, cachaient la ligne de démarcation d'une culotte de drap bleu et de ses bas. Cet uniforme simple et sans épaulettes appartenait aux élèves de l'École-Polytechnique.

D'un seul regard, mademoiselle de Verneuil remarqua sous ce costume sombre des formes élégantes et une habitude dans les poses qui annonçaient une noblesse native. La figure du jeune homme, ordinaire au premier aspect, se distinguait par la conformation de quelques traits où se révélait ce *je ne sais quoi* dont le charme vient de l'ame.

Un menton à la Bonaparte, une lèvre inférieure qui venait se joindre à la supérieure en décrivant la courbe gracieuse de la feuille d'acanthe sous le chapiteau corinthien, un nez fin, des yeux bleus étincelans, un teint bruni, des cheveux blonds et bouclés, de petites mains et une grande aisance de mouvemens, tout décelait une vie dirigée par des sentimens élevés et l'habitude du commandement.

— Ce jeune homme est un aigle!.. se dit mademoiselle de Verneuil.

Voir tout cela d'un clin-d'œil, s'illuminer de l'envie de plaire, pencher la tête de côté par une molle inclination, sourire avec coquetterie, lancer un de ces regards veloutés qui ébranleraient un cœur mort à l'amour, voiler ses longs yeux noirs sous de larges paupières dont les cils fournis et recourbés retombèrent comme un plumage de bistre sur les blancs contours de sa joue, chercher dans la mélodie de sa voix les sons les plus pénétrans, les plus riches pour donner à cette phrase bête — nous vous sommes bien obligées, Monsieur — un charme incroyable; tout, n'employa pas cinq secondes; et mademoiselle de Verneuil, s'adressant à l'hôte, demanda un appartement, vit l'escalier, disparut avec Francine comme un feu follet, laissant à l'étranger à deviner si cette réponse était une acceptation ou un refus.

— Quelle est cette femme-là?.. demanda lestement l'élève de l'École-Polytechnique à l'hôte immobile et de plus en plus stupéfait.

— C'est la citoyenne Verneuil! dit aigrement Corentin en toisant le jeune homme avec jalousie; c'est une ci-devant. Qu'en veux-tu faire ?

L'inconnu, qui fredonnait un air républicain, leva la tête avec fierté vers Corentin, et les deux jeunes gens se regardèrent un moment comme deux coqs.

Ce regard mit la haine entre eux pour toute leur vie : autant l'œil bleu du militaire était franc, autant l'œil vert de Corentin annonçait de fausseté et de malice. L'un avait des manières nobles, l'autre insinuantes; l'un se courbait, l'autre s'élançait; l'un fascinait, l'autre commandait le respect; l'un devait dire : conquérons; l'autre : partageons?

Un paysan entra, demandant :

— Le citoyen du Gua-Saint-Cyr est-il ici ?

— Que lui veux-tu ?.. répondit le jeune homme en s'avançant.

Le paysan salua profondément en remettant une lettre que le jeune élève lut et jeta dans le feu.

Pour toute réponse, il inclina la tête. L'homme partit.

—Tu viens sans doute de Paris, citoyen? dit alors Corentin en s'avançant vers l'étranger avec une certaine aisance de manières, un air souple et liant qui furent insupportables au citoyen du Gua.

— Oui, répondit-il sèchement.

—Et tu es sans doute promu à quelque grade dans l'artillerie?..

— Non, citoyen, dans la marine.

—Ah! tu te rends à Brest? demanda Corentin d'un ton insouciant.

Mais le jeune marin tourna lestement sur les talons de ses souliers sans vouloir répondre, et démentit bientôt tout ce que sa figure avait fait concevoir de noblesse à mademoiselle de Verneuil. Il s'occupa de son déjeuner avec une légèreté enfantine, questionna le chef et l'hôtesse sur tout, s'étonna des habitudes de province comme un Parisien arraché à sa coque enchantée, manifesta des répugnances de petite-maîtresse, et montra enfin d'autant moins de caractère que sa figure et ses manières en annonçaient davantage.

Corentin sourit de pitié en lui voyant faire la grimace quand il goûta le meilleur cidre.

— Pouah! s'écria-t-il, comment pouvez-vous boire cela, vous autres?.. Il y a là-dedans à boire et à manger. Je ne m'étonne plus si ce pays-ci est suspect. Je me défierai toujours d'une province où l'on vendange à coups de gaule et où l'on fusille sournoisement les voyageurs sur les routes... N'allez pas nous mettre sur la table une seule carafe de cette médecine-là, mais de bon bordeaux blanc et rouge. Montez voir surtout s'il y a bon feu là-haut, car vous m'avez l'air bien retardés ici en fait de civilisation !—Ah!—il soupira—il n'y a qu'un Paris au monde, c'est dommage qu'on ne puisse pas l'emmener en mer...

—Comment, gâte-sauce, dit-il au chef, tu mets du vinaigre dans cette fricassée de poulet quand tu as là des citrons... — Quant à vous, madame l'hôtesse, vous m'avez donné des draps si gros que je n'ai pas fermé l'œil cette nuit.

Puis il se mit à jouer avec une grosse canne en lui faisant exécuter avec un soin puéril des évolutions dont le plus ou le moins de fini et d'habileté annonçaient le degré plus ou moins honorable qu'un jeune homme occupait dans la classe des incroyables ou petits-maîtres du consulat.

— Et c'est avec des *muscadins* comme ça, dit Corentin à l'hôte confidentiellement, qu'on espère relever la marine de la République !..

— Cet homme-là, disait le jeune marin à l'oreille de l'hôtesse, est quelque espion de Fouché ! Il a la police gravée sur la figure, et je jurerais que la tache qu'il conserve au menton est de la boue de Paris... Mais à bon chat bon...

A ce moment une dame entra vers laquelle le marin s'élança avec tous les signes d'un respect extérieur.

— Ma chère maman, lui dit-il, arrivez donc ? Je crois avoir, en votre absence, recruté des convives.

— Des convives ! lui répondit-elle, quelle folie !..

— Mais c'est mademoiselle de Verneuil, reprit-il à voix basse.

— Elle a péri avec son père, dit-elle brusquement.

— Vous vous trompez, Madame, reprit avec douceur Corentin en appuyant sur le mot *madame;* elle a été sauvée au 9 thermidor.

L'étrangère, surprise de cette familiarité, se recula de quelques pas comme pour examiner cet interlocuteur inattendu; et, fixant sur lui ses yeux noirs pleins de vivacité, elle parut chercher dans quel intérêt il venait affirmer l'existence de mademoiselle de Verneuil.

En même temps Corentin remarqua à la dérobée la jeunesse de cette dame dont la maternité lui devint suspecte en la voyant conserver, malgré un fils d'au moins vingt ans, une peau éblouissante de blancheur, des sourcils arqués encore fournis, des cils peu dégarnis et des cheveux noirs aussi nombreux que les siens paraissaient l'être. Ils étaient séparés en deux bandeaux circulaires sur son front et lui donnaient ainsi un air un peu dur que des lèvres roses, minces et droites, ne démentaient pas.

Les rides légères dont sa jolie figure était à peine sillonnée, loin d'annoncer les années, trahisssaient des passions jeunes et vives ; et, si ses yeux, tout perçans qu'ils fussent, avaient un léger voile, ils le devaient peut-être à la trop fréquente expression du plaisir. Enfin Corentin s'aperçut qu'elle enveloppait ses formes délicates dans une mante d'étoffe anglaise, et que la forme de son chapeau n'appartenait à aucune des modes dites à la grecque qui régissaient à cette époque les toilettes républicaines.

Or Corentin était un de ces êtres qui sont portés par leur caractère à toujours soupçonner le mal avant le bien, et il conçut à l'instant des doutes sur le civisme des deux voyageurs.

De son côté la dame avait fait aussi avec une égale rapidité l'autopsie morale de la figure de Corentin. Alors elle se tourna vers son fils avec cet air significatif qui se traduit si bien par : — Quel est cet original-là ?.. — Est-il de notre bord ?

A cette mentale interrogation, le jeune marin répondit par une attitude, un regard et un geste de main qui disaient : — Je n'en sais ma foi rien, et je m'en défie plus que vous. — Puis, laissant sa mère débrouiller l'écheveau, il se tourna vers l'hôtesse à laquelle il dit à l'oreille :

— Tâchez donc de savoir ce qu'est ce drôle-là ; s'il accompagne cette demoiselle et pourquoi ?...

— Ainsi, dit madame du Gua en regardant Corentin, vous êtes sûr, Monsieur, que mademoiselle de Verneuil existe...

— Elle existe aussi certainement en chair et en os, *Madame*, que le citoyen du Gua-Saint-Cyr que voici.

Cette réponse renfermait une profonde ironie dont la dame seule avait le secret, et toute autre qu'elle en aurait été déconcertée.

Son fils regarda tout-à-coup fixement Corentin qui tirait froidement sa montre sans paraître se douter des ravages produits par sa réponse.

La dame inquiète et désirant savoir sur-le-champ si cette réponse couvrait une perfidie ou si elle était l'effet du hasard, dit à Corentin de l'air le plus naturel :

— Mon Dieu! que les routes sont peu sûres. Nous avons été attaqués au-delà de Mortagne par les chouans, et mon fils a manqué de rester sur la place; il a reçu deux balles dans son chapeau en me défendant.

— Comment, Madame, vous étiez dans le courrier que ces brigands ont dévalisé malgré l'escorte! On m'a dit à mon passage à Mortagne qu'ils étaient deux mille et que tout le monde avait péri! Voilà comme on écrit l'histoire!..

Le ton musard que prit Corentin et son air le faisaient en ce moment ressembler à un habitué de la petite Provence qui reconnaîtrait avec douleur la fausseté d'une nouvelle politique.

—Hélas! Madame, continua-t-il, si l'on assassine si près de Paris, jugez combien les routes de la Bretagne vont être dangereuses; si je n'étais pas sûr de profiter de l'escorte de mademoiselle de Verneuil, je retournerais à Paris...

— Ah! reprit la dame à voix basse, mademoiselle de Verneuil est escortée!..
— Est-elle belle, jeune, jolie? demanda-t-elle à l'hôtesse.

A ce moment l'hôte interrompit cette conversation dont l'intérêt avait quelque chose de cruel pour les trois personnages qui se trouvaient en présence. Il annonça que le déjeuner était servi. Le jeune marin offrit la main à sa mère avec une attention et une courtoisie peu ordinaires à un fils; et, invitant Corentin par un geste à les précéder, il lui dit :

— Citoyen, si tu accompagnes la citoyenne Verneuil et qu'elle accepte la proposition de l'hôte, ne te gêne pas...

Quoique l'accent fût leste et peu engageant, Corentin monta. Alors le jeune homme serra vivement la main de la dame, et quand Corentin fut séparé d'eux par sept à huit marches :

— Voilà, dit le marin à voix basse, à quels dangers sans gloire nous exposent vos imprudentes entreprises: nous sommes peut-être découverts. — Comment pourrons-nous échapper ?.. Et quel rôle vous me faites jouer !..

Ils arrivèrent tous trois à une chambre assez vaste. Il ne fallait pas avoir fait beaucoup de chemin dans l'Ouest pour reconnaître que l'hôte avait prodigué tous ses trésors dans la décoration du repas et un luxe peu ordinaire dans la salle : la table était soigneusement servie; le feu brillant de la cheminée avait chassé l'humidité; et le linge, les siéges, la vaisselle, ne pèchaient pas par la malpropreté.

Corentin s'aperçut facilement que, pour satisfaire ses hôtes, l'aubergiste s'était, pour nous servir d'une expression populaire, *mis en quatre*. — Donc, se dit-il, ils ne sont pas ce qu'ils veulent paraître. — Ce petit jeune homme est rusé. Je le prenais pour un sot, mais maintenant je le crois plus fin que moi.

Le jeune marin, sa mère et Corentin

attendirent la jeune fille que l'hôte avait été prévenir ; mais comme elle ne venait pas, le jeune homme se doutant bien qu'elle faisait des difficultés, sortit en fredonnant : *Veillons au salut de l'empire*, et se dirigea vers l'appartement qu'elle occupait, dominé par une singulière volonté de vaincre ses scrupules et de l'amener avec lui, autant peut-être pour résoudre les doutes dont son esprit était agité, que pour essayer sur cette inconnue le pouvoir que tout être masculin a la prétention d'exercer sur une jolie créature féminine.

— Si c'est là un républicain, dit Corentin en le voyant sortir, je veux être pendu ! Il a le mouvement d'épaules des gens de cour. — Et si c'est là sa mère, se dit-il encore en regardant madame du Gua, je suis le pape ! — Ce sont des chouans. — Attention !

CHAPITRE IX.

La porte ne tarda pas à s'ouvrir. Le jeune marin parut. Il tenait par la main mademoiselle de Verneuil, et il la présenta avec une suffisance pleine de courtoisie.

L'heure qui venait de s'écouler n'avait pas été perdue pour le diable. Aidée par Francine, mademoiselle de Verneuil s'était armée d'une toilette de voyage plus redoutable peut-être qu'une parure de bal. Sa simplicité avait cet irrésistible attrait dont tout le secret vient du rôle secondaire qu'une femme, assez belle pour se passer d'ornemens, laisse jouer à la toilette. Elle portait une simple robe verte, mais dont la coupe et le spencer orné de brandebourgs dessinaient, avec une affectation peu convenable à une jeune fille, des formes ravissantes : c'était une taille jeune et flexible, des flancs d'une rare élégance et de gracieuses proportions.

Elle entra en souriant. Ce sourire montrait des dents blanches comme des amandes fraichement dépouillées de leurs robes brunes, et traçait deux jolies fossettes sur des joues fraîches comme celles d'un enfant. Elle avait quitté sa capote blanche qui l'avait d'abord presque dérobée aux regards du jeune marin, et sa figure apparaissait comme encadrée par les boucles capricieuses de ses cheveux noirs dont les grosses nattes se rattachaient négligemment derrière la tête. Par un privilége digne d'envie, l'accord de ses manières, de sa beauté et de sa toilette, la rendait plus jeune d'au moins cinq années, et madame du Gua se crut libérale en lui donnant vingt ans.

La coquetterie secrète de sa toilette avait fait naître quelque espoir dans le cœur du jeune homme, mais mademoiselle de Verneuil quitta sa main de manière à le désabuser. Elle le salua par une molle inclination de tête sans le regarder, et le laissa là avec une insouciance folâtre dont il resta déconcerté.

Cette réserve n'annonçait aux yeux des étrangers ni précaution ni coquetterie ; c'était indifférence naturelle ou feinte, et l'expression candide du visage de la jeune fille rendait le problème insoluble, car elle ne laissait paraître aucune préméditation de triomphe. Elle semblait avoir été douée de ces jolies petites manières qui séduisent et dont l'amour-propre du jeune marin avait été dupe : aussi regagna-t-il sa place avec une sorte de dépit.

Mademoiselle de Verneuil, suivie de Francine, s'élança vers la sienne ; mais prenant son amie par la main, elle revint vers madame du Gua.

— Madame, lui dit-elle d'une voix caressante, auriez-vous la bonté de permettre que cette fille, en qui je vois plus une amie qu'un serviteur, dine avec nous ?... Dans ces temps d'orage, le dévouement ne peut se payer que par le cœur; c'est tout ce qui nous reste!...

Madame du Gua répondit à cette dernière phrase prononcée à voix basse, par une demi-révérence un peu cérémonieuse, qui révélait son désappointement de rencontrer une femme beaucoup plus jolie qu'elle; puis se penchant à l'oreille de son fils :

— Oh! — temps d'orage — dévouement, *Madame*.... c'est peut-être mademoiselle de Verneuil! — mais pourquoi n'a-t-elle pas de poudre?

Les convives allaient s'asseoir, lorsque mademoiselle de Verneuil aperçut Corentin qui continuait de soumettre à une sévère analyse les deux inconnus inquiets de ses regards.

— Citoyen, lui dit-elle avec une ironie plus perçante qu'une bise d'hiver, tu es sans doute trop bien élevé pour suivre ainsi mes pas..... En envoyant mes parens à l'échafaud, la république n'a pas eu la magnanimité de me donner de tuteur.... Si par une galanterie chevaleresque, inconnue, inouie, tu m'as accompagnée malgré moi — et là elle laissa échapper un soupir amer — je suis décidée à ne pas souffrir que les soins protecteurs dont tu es si prodigue aillent jusqu'à te causer de la gêne, déranger l'heure de tes repas.... Je suis en sûreté ici.... tu peux me laisser, citoyen curieux.....

Elle lui lança un regard fixe et méprisant : elle fut comprise.

Corentin réprima un sourire qui fronçait presque les coins de ses lèvres rusées, et il la salua d'une manière respectueuse en lui disant :

— Citoyenne, je me ferai toujours un honneur de t'obéir. La beauté est la seule reine qu'un républicain puisse reconnaître.....

En le voyant partir, les yeux de mademoiselle de Verneuil brillèrent d'une joie si naïve; elle regarda Francine, et non ses hôtes, avec un sourire d'intelligence empreint de tant de bonheur, que madame du Gua, dont la jalousie avait éveillé la prudence, se sentit disposée à abandonner les soupçons que la parfaite beauté de mademoiselle de Verneuil lui faisait concevoir.

— Oh! c'est mademoiselle de Verneuil! dit madame du Gua à l'oreille de son fils.

— Et l'escorte!... lui répondit le jeune homme que le dépit rendait prudent.

Madame du Gua cligna ses yeux, comme pour lui dire qu'elle saurait bien éclaircir ce mystère.

Cependant le départ de Corentin parut détendre les muscles du marin, qui jeta sur mademoiselle de Verneuil des regards où se révélait plutôt un amour immodéré des femmes que la respectueuse ardeur d'une passion naissante.

La jeune fille n'en devint que plus circonspecte et réserva ses paroles affectueuses pour madame du Gua. Le jeune homme, se fâchant à lui tout seul, essaya, dans son amer dépit, de jouer aussi l'insensibilité.

Mademoiselle de Verneuil ne parut pas s'apercevoir de ce manége. Elle se montra simple sans timidité, réservée sans pruderie. Cette rencontre de personnes qui ne paraissaient pas destinées à se lier, n'exerça aucune sympathie entre elles; et, chose assez commune mais dédaignée dans les récits, il y eut un embarras vulgaire, une gêne qui détruisirent tout le charme que mademoiselle de

Verneuil et le jeune marin s'étaient comme promis une heure avant.

Mais les femmes, même les moins spirituelles, ont un si admirable tact des convenances ou des liens si intimes entre elles, que ce sont toujours elles qui, dans ces occasions, savent rompre la glace; et, comme si elles eussent eu la même pensée au même moment, les trois belles convives se mirent à plaisanter innocemment leur unique cavalier, et à rivaliser de moqueries, d'attentions, de soins à son égard.

Cette unanimité d'esprit les laissait libres : un regard ou un mot qui, échappés dans la gêne, ont de la valeur, devenaient alors insignifians. Bref, au bout d'une demi-heure, elles parurent les meilleures amies du monde; et le jeune marin se surprit à en vouloir autant à mademoiselle de Verneuil de sa liberté d'esprit que de sa réserve. Il était tellement contrarié, qu'il regrettait avec une sourde colère d'avoir partagé son déjeuner avec elle.

— Madame, dit mademoiselle de Verneuil à madame du Gua, notre chevalier est-il toujours aussi triste?

— Mademoiselle, répondit-il, je me demandais à quoi sert un bonheur qui va s'enfuir, et le secret de ma tristesse est dans la vivacité de mon plaisir.

— Voilà des complimens, reprit-elle en riant, qui sentent plus la cour que la république.

— Il n'a fait qu'exprimer ma pensée, Mademoiselle, dit madame du Gua qui avait ses raisons pour l'apprivoiser.

— Allons, riez donc! reprit mademoiselle de Verneuil en souriant au jeune homme. Que ferez-vous pour les chagrins, si ce qu'il vous plaît d'appeler un bonheur vous attriste?

Ce sourire, accompagné d'un regard agressif qui détruisit l'harmonie de cette figure candide, rendit un frêle espoir au marin. Alors souvent leurs yeux se rencontrèrent. Tantôt sans coquetterie, mais par cette inspiration de nature qui entraîne la femme à toujours faire trop ou trop peu, mademoiselle de Verneuil semblait s'emparer de lui par un regard où brillaient les fécondes promesses de l'amour, et tantôt elle opposait à l'expression suppliante de l'étranger une modestie froide et sévère.

Un moment, un seul, où chacun d'eux crut trouver des paupières baissées, ils unirent les sollicitations insensées de leurs yeux, mais ils furent aussi prompts à confondre cette lumière douce et terrible qui bouleverse le cœur, qu'à voiler leurs regards. Honteux d'avoir tant parlé, ils ne se regardèrent plus; et mademoiselle de Verneuil, jalouse de détruire son ouvrage, resta dans le cercle borné d'une froide politesse, paraissant même attendre avec impatience la fin du repas.

— Mademoiselle, vous avez dû bien souffrir en prison? lui demanda madame du Gua.

— Hélas! Madame, il me semble que je n'ai pas cessé d'y être!

— Pauvre petite! à votre âge et devant donner si peu de crainte à la république, être menée en criminelle d'Etat! Où? le savez-vous, au moins?...

Mademoiselle de Verneuil comprit instinctivement qu'elle inspirait peu d'intérêt à madame du Gua, et s'effaroucha de cette question.

— Madame, répondit-elle, si l'on me

traite en criminelle et que mon escorte vous paraisse singulière, je n'en suis pas moins surprise que vous.....

— Vous faites donc trembler la république! dit le jeune homme avec un peu d'ironie.

— Pourquoi ne pas respecter les secrets de Mademoiselle? reprit madame du Gua.

— Oh! Madame, les secrets d'une jeune personne qui ne connaît de la vie que ses malheurs, ne sont pas bien curieux.....

— Mais, répondit madame du Gua pour adoucir l'aigreur de cette conversation, le premier consul a des intentions parfaites; il va, dit-on, arrêter l'effet des lois contre les émigrés.

— C'est vrai, Madame, dit-elle avec trop de vivacité peut-être; mais alors pourquoi soulever la Vendée, la Bretagne, incendier la France?....

Ce cri généreux par lequel elle semblait se faire un reproche à elle-même, causa un tressaillement au marin. Il regarda attentivement mademoiselle de Verneuil, et il ne découvrit sur sa figure ni haine ni amour. Cette peau dont le coloris attestait la finesse était impénétrable. Une curiosité invincible l'attacha à cette singulière créature : il ne savait pas encore quel sentiment l'entraînait vers elle, mais avant tout il voulait la comprendre.

— Mais, dit-elle, Madame, allez-vous à Mayenne ?....

— Oui, Mademoiselle, répondit le jeune homme d'un air interrogateur.

— Eh bien! Madame, continua mademoiselle de Verneuil, puisque monsieur votre fils sert la république — elle prononça ces paroles comme si elle se sentait légère d'un poids immense — vous devez redouter les chouans, et mon escorte n'est pas à dédaigner; vous m'avez donné à déjeuner, acceptez ma calèche jusqu'à Mayenne.....

Le fils et la mère se jetèrent des regards significatifs. Le jeune homme répondit:

— Je ne sais, Mademoiselle, si je fais bien de vous avouer que des intérêts d'une haute importance exigent que nous arrivions cette nuit aux environs de Fougères. Nous n'avons pas encore trouvé de moyens de transport. — Il y a pour nous, ajouta-t-il, tant d'avantages à accepter votre offre, que ce serait nous conduire en égoïstes.

— Nous vivons dans un temps, Monsieur, où rien de ce qui se passe n'est naturel; j'en suis la preuve vivante: ainsi vous pouvez ajouter une irrégularité de plus à tant de désordres; et, après tout, on a toujours accepté sans scrupule ce qui est offert avec bonhomie.

— Le voyage ainsi fait ne sera pas sans dangers... reprit-il d'un air fin et courtisan.

— Que craignez-vous ?... demanda-t-elle avec un sourire moqueur ; je n'en vois pour personne.

— Est-ce bien la même femme dont tout à l'heure le regard puissant m'a charmé, qui parle ainsi ? se disait le jeune homme. Quel accent ! Je la hais ! Elle me tend quelque piége !...

A ce moment, le cri clair et perçant d'une chouette qui semblait perchée sur le sommet de la cheminée retentit comme un sombre avis.

— Quel chant funèbre ! dit mademoiselle de Verneuil. Notre voyage ne commencera pas sous d'heureux présages.... Mais comment se trouve-t-il ici des chouettes qui chantent en plein jour?

— Cela arrive quelquefois, dit le jeune homme froidement. Il regarda sa mère et sa mère le regarda.

— Mademoiselle, reprit-il, nous vous porterions peut-être malheur!..— c'est là votre pensée... — ne voyageons pas ensemble.

Ces paroles furent dites avec un calme et une réserve qui surprirent mademoiselle de Verneuil.

— Oh! dit-elle avec une impertinence incroyable, je suis loin de vous contraindre: gardons le peu de liberté que nous laisse la république. Si madame était seule, j'insisterais....

Les pas pesans d'un militaire résonnèrent dans le corridor, et le commandant Hulot montra bientôt une mine renfrognée.

— Venez ici, mon colonel, dit en souriant mademoiselle de Verneuil. — Elle lui indiqua de la main une chaise auprès d'elle.—Occupons-nous, puisqu'il le faut, des affaires de l'Etat, reprit-elle. Mais riez donc; qu'avez-vous? Y a-t-il des chouans ici?....

Le commandant était resté béant à l'aspect du jeune inconnu qu'il contemplait avec une singulière attention.

— Ma mère, désirez-vous encore du lièvre?... Mademoiselle Francine, vous ne mangez pas? disait le marin très-occupé des convives.

Mais la surprise de Hulot, l'attention de mademoiselle de Verneuil, avaient quelque chose de trop sérieux.

— Qu'as-tu donc, commandant? Est-ce que tu me connaîtrais? reprit brusquement le jeune homme.

— Peut-être! répondit le républicain.

— En effet, je crois t'avoir vu venir à l'école.

— Je n'ai jamais été à l'école, répliqua brutalement le commandant.—Et de quelle école sors-tu donc, toi?...

— De l'Ecole-Polytechnique.

— Ah ! ah ! oui, là où l'on veut faire des militaires dans des dortoirs ! répondit le commandant dont l'aversion était insurmontable pour les officiers sortis de cette savante pépinière. Mais dans quel corps es-tu ?...

— Dans la marine.

— Ah ! dit Hulot en riant avec malice ; connais-tu beaucoup d'élèves de cette école-là dans la marine ?...—Il n'en sort, reprit-il d'un accent grave, que des officiers d'artillerie et du génie.

Le jeune homme ne se déconcerta pas et dit :

— J'ai fait exception à cause du nom que je porte; nous avons tous été marins dans notre famille.

— Ah! reprit Hulot, quel est donc ton nom, citoyen?

— Du Gua Saint-Cyr.

— Et tu as des papiers?...

— Est-ce que vous voulez les lire? demanda impertinemment le jeune marin, dont l'œil bleu plein de malice alla de a figure sombre du commandant à celle de mademoiselle de Verneuil.

— Un blanc-bec comme toi voudrait-il *m'embêter*, par hasard?.... Allons, donne-moi tes papiers, ou sinon, en route!

— Là, là, mon brave, je ne suis pas un *serin*. Est-ce que j'ai besoin de te répondre! Qui es-tu?

— Le commandant du département, reprit Hulot.

— Oh ! alors mon cas peut devenir très-grave, je serais pris les armes à la main.

Et il tendit un verre de bordeaux au commandant qui répondit :

— Je n'ai pas soif. Allons, voyons ! tes papiers !

A ce moment, un bruit d'armes et les pas de quelques soldats retentirent dans la rue. Hulot alla à la fenêtre et prit un air satisfait qui fit trembler mademoiselle de Verneuil. Ce signe d'intérêt anima le jeune homme, comme si un rayon de soleil eût passé sur sa figure. Il avait mis la main dans son sein, et présentait au commandant les papiers qu'il tira d'un élégant porte-feuille.

Hulot les lut avec une attention soutenue en comparant le signalement du passe-port avec le visage de l'inconnu.

Pendant cet examen, le cri de la

chouette recommença; il était facile d'y distinguer l'accent et les jeux d'une voix humaine; le commandant rendit au jeune homme ses papiers d'un air moqueur, et lui dit :

—Tout cela est bel et bon, mais il faut me suivre au district; je n'aime pas la musique, moi!

— Pourquoi l'emmenez-vous au district? demanda mademoiselle de Verneuil d'une voix altérée.

— Ma petite dame, répondit le commandant en faisant sa grimace habituelle, cela ne vous regarde pas.

Irritée du ton, de l'expression du vieux militaire, et plus encore d'être humiliée ainsi devant le jeune marin, mademoiselle de Verneuil se leva. Là, elle quitta cette attitude de candeur et de modestie dans laquelle elle s'était tenue jusqu'alors. Son teint s'anima, ses yeux brillèrent comme des étoiles.

— Dites-moi, s'écria-t-elle doucement, mais avec une sorte de tremblement dans la voix, ce jeune homme a-t-il satisfait à tout ce qu'exige la loi?

— Oui, en apparence! répondit ironiquement Hulot.

— Eh bien! j'entends que vous le laissiez tranquille *en apparence*, reprit-elle. Avez-vous peur qu'il ne vous échappe? Vous allez l'escorter avec moi jusqu'à Mayenne. — Il sera dans ma voiture avec madame sa mère. — Pas d'observation, je le veux. — Eh bien! quoi! reprit-elle en voyant Hulot faire sa petite grimace, le trouvez-vous encore suspect?

— Mais un peu, je pense.

— Que voulez-vous donc en faire?

— Rien, si ce n'est de lui rafraîchir la

tête avec un peu de plomb. — C'est un étourdi ! reprit le commandant avec ironie.

— Je vous le défends !... s'écria mademoiselle de Verneuil.

— Allons, camarade, dit le commandant en faisant un signe de tête au marin ; allons, dépêchons !

A cette impertinence de Hulot, mademoiselle de Verneuil devint calme et sourit.

— N'avancez pas ! dit-elle au jeune homme avec un geste d'une incroyable dignité.

— Oh ! la belle tête ! dit-il à l'oreille de sa mère.

Les deux petites narines, dont le joli nez grec de la jeune fille s'embellissait, fidèles organes de la passion, s'enflèrent comme de petites voiles, et leur courbure voluptueuse donna un charme inexprimable à cette figure où le dépit et mille sentimens irrités et combattus déployèrent des beautés inconnues.

Francine, madame du Gua et son fils s'étaient levés : mademoiselle de Verneuil, s'étant vivement placée entre eux et le commandant qui souriait, défaisait lestement deux brandebourgs de son spencer. Agissant par suite de cet aveuglement dont les femmes sont saisies lorsqu'on attaque fortement leur amour-propre, et flattée ou impatiente d'exercer son pouvoir, comme un enfant d'essayer le nouveau jouet qu'on lui donne, elle présenta au commandant une lettre toute ouverte.

— Lisez! lui dit-elle avec un sourire sardonique.

Elle se retourna vers le jeune homme; et, dans l'ivresse de la bienfaisance, elle lui lança un regard où la malice était écrasée sous un feu dévorant. Leurs fronts s'éclaircirent tout-à-coup; la joie de leurs cœurs jeta son reflet sur leurs figures vivement agitées, et d'écrasantes pensées envahirent leurs ames comme par flots.

Un fin regard de madame du Gua fit craindre à mademoiselle de Verneuil d'être accusée d'amour; et alors elle demeura la rougeur sur le front, la tête baissée, mais le voile diaphane de ses larges paupières laissa voltiger sous ses longs cils un reflet de la lumière de ses yeux.

Le commandant était pétrifié. Il rendit cette lettre contresignée des ministres, laquelle enjoignait à toutes les autorités, même militaires, d'obéir aux ordres de mademoiselle de Verneuil. Hulot tira son épée du fourreau, la prit, la cassa sur son genou, en jeta les morceaux et dit froidement :

— Mademoiselle, vous êtes belle, mais la république l'est encore plus ; je ne sais pas servir deux maîtresses. Le premier consul aura, dès ce soir, ma démission ; d'autres que Hulot vous obéiront ; là où je ne comprends plus, je m'arrête.

Le silence régna deux secondes. Il fut rompu par mademoiselle de Verneuil. Elle marcha au commandant, lui tendit la main et lui dit :

— Commandant, vous avez la barbe longue, mais vous pouvez m'embrasser, vous êtes un homme.

— Et je m'en flatte, Mademoiselle ! répondit-il en déposant assez gauchement un baiser sur la petite main blanche et polie que lui tendait mademoiselle de Verneuil.

— Quant à toi, camarade, ajouta-t-il

en menaçant du doigt le jeune homme, tu l'échappes belle!

— Mon commandant, reprit en riant le jeune inconnu, il est temps que la plaisanterie finisse; si tu le veux, je vais me rendre avec toi au district.

— Viendras-tu avec Marche-à-terre, ce siffleur invisible?

— Qui, Marche-à-terre? demanda le marin avec tous les signes de la surprise la plus vraie.

— N'a-t-on pas sifflé tout à l'heure?

— Eh bien! reprit l'étranger, qu'a de commun ce sifflement et moi? Je te le demande.

— Il t'a contrarié.

— J'ai cru que les soldats que tu avais commandés, peut-être pour m'arrêter, te prévenaient ainsi de leur arrivée.

— Vraiment, tu as cru cela?

— Oh! mon Dieu, oui! — mais bois donc ton verre de bordeaux, ce vin est délicieux.

Le commandant, surpris de l'étonnement naturel du marin, de l'incroyable légèreté de ses manières, de la jeunesse de sa figure rendue presque enfantine par les boucles soigneusement frisées de ses blonds cheveux, flottait entre mille soupçons combattus. Il remarqua madame du Gua qui essayait de surprendre le secret des regards que son fils jetait à mademoiselle de Verneuil, et il lui demanda brusquement :

— Votre âge, citoyenne?

— Hélas! Monsieur l'officier, les lois de la république deviennent bien cruelles... j'ai trente-huit ans.

— Quand on devrait me fusiller, je n'en crois rien, Madame; et Marche-à-terre est ici, il a sifflé, et vous êtes des...

A ce moment, un sifflement irrégulier, assez semblable à ceux qu'on avait entendus, coupa la parole au commandant. Ce sifflement partant de la cour de l'auberge, Hulot se précipita à la fenêtre du corridor et aperçut le siffleur : c'était un postillon attelant ses chevaux à la calèche de mademoiselle de Verneuil.

Le rusé commandant déposa ses soupçons et revint confus.

— Je lui pardonne, mais il le paiera cher ! dit en riant la mère à l'oreille de son fils, au moment où Hulot rentrait dans la chambre.

Le brave officier offrait sur sa figure embarrassée une lutte entre la sévérité de ses devoirs et sa bonté naturelle. Il conserva son air bourru, peut-être parce qu'il s'était trompé ; et, prenant le verre de bordeaux :

— Camarade, dit-il, excusez-moi, mais votre école envoie à l'armée des officiers si jeunes...

— Les brigands en ont donc de plus jeunes encore? demanda en riant le prétendu marin.

— Pour qui preniez-vous donc mon fils? reprit madame du Gua.

— Pour le Gars, ce chef envoyé aux chouans et aux Vendéens par le cabinet de Londres, et qu'on nomme le marquis de Montauran, je crois. — Le commandant épia encore ces deux figures suspectes.

La mère et le fils se regardèrent avec cette singulière expression de physionomie que prennent successivement deux ignorans présomptueux.

— Connais-tu cela?

— Non. Et toi?

— Ni moi.

— Qu'est-ce qu'il nous dit donc là?

— Il rêve.

Puis le rire insultant et goguenard de la sottise quand elle croit triompher.

Mademoiselle de Verneuil pâlit tout-à-coup en entendant prononcer le nom du général royaliste. Elle regarda à la dérobée le jeune homme; mais l'altération profonde des manières de la jeune fille et la torpeur qui l'enveloppa ne furent sensibles que pour Francine, qui, depuis longues années, connaissait les imperceptibles nuances de cette figure.

Le commandant était en pleine déroute. Il ramassa les deux morceaux de son épée; et, regardant mademoiselle de Verneuil dont l'expression céleste avait trouvé le secret d'émouvoir son cœur, il lui dit :

— Quant à vous, Mademoiselle, je ne m'en dédis pas : demain, les tronçons de l'épée de Hulot parviendront à Bonaparte.

— Et que me fait Bonaparte ! votre république ! les chouans, le Roi et le Gars !... s'écria-t-elle avec un emportement qui révéla une lutte terrible dans son ame.

Les caprices ou la passion donnèrent à sa figure des couleurs étincelantes. L'on vit que le monde n'était rien pour elle quand elle y distinguait une créature; mais tout-à-coup elle rentra dans un calme forcé, en se voyant, comme un acteur sublime, le centre des regards de tous les spectateurs.

Le commandant se leva brusquement; et alors, inquiète, agitée, mademoiselle de Verneuil le suivit. Elle l'arrêta dans le corridor; et, d'un ton solennel, lui demanda :

— Vous aviez donc des raisons bien

fortes de soupçonner ce jeune homme d'être le Gars.

— Tonnerre de Dieu! Mademoiselle, le fantassin qui vous accompagne est venu me prévenir que le courrier où étaient le jeune du Gua et sa mère avait été arrêté avant-hier du côté de Mortagne, et qu'ils avaient été assassinés par les chouans.

— Oh! s'il y a du Corentin là-dedans, je ne m'étonne plus de rien! s'écria-t-elle avec un mouvement de dégoût.

Le commandant s'éloigna, n'osant regarder mademoiselle de Verneuil dont la dangereuse beauté troublait déjà son cœur.

— J'aurais fait la sottise de reprendre mon épée, si j'étais resté deux minutes de plus! se disait-il en descendant l'escalier.

En voyant le jeune homme les yeux attachés sur la porte par où mademoiselle de Verneuil était sortie, madame du Gua lui dit à l'oreille :

— Toujours le même !... Vous ne périrez que par la femme. Une poupée vous fait tout oublier... Qu'est-ce qu'une demoiselle de Verneuil escortée par les bleus et les désarmant par une lettre qu'elle porte, comme un billet doux, dans son spencer ?

— Eh ! Madame, répondit le jeune homme avec une aigreur qui perça le cœur de la belle dame et la fit pâlir ; cela prouve qu'elle ne me trahira pas ! Souvenez-vous bien que l'intérêt seul du Roi nous rassemble. Vous avez eu Charrette à vos pieds... Est-ce que l'univers n'est pas vide pour vous? Ne vivriez-vous déjà plus pour le venger ?...

La dame resta pensive et debout comme un homme qui, du rivage, contemple le naufrage de toutes ses espérances, et n'en convoite que plus ardemment de recouvrer sa fortune.

Mademoiselle de Verneuil rentra. Le jeune marin échangea avec elle un sourire et un regard empreints d'une fraternelle espérance. Ils eurent une expression magique. Tout incertain que parût l'avenir, toute éphémère que fût leur union, les prophéties de cet espoir n'en étaient que plus caressantes.

Ce regard fut rapide, mais il ne put échapper à l'œil terrible de madame du Gua. Elle le comprit. Son front se contracta légèrement, et sa physionomie prit un caractère sinistre de haine sous l'abondance des jalouses pensées qui l'agitèrent.

Francine l'observait : elle vit ses yeux briller, ses joues s'animer, un esprit infernal passer sur son visage en proie à une révolution terrible ; mais l'éclair n'est pas plus vif, la mort plus prompte : elle reprit avec un tel aplomb son air enjoué, que Francine doutait presque d'avoir vu les signes de sa folie.

La jeune campagnarde trembla en reconnaissant une violence, une beauté rivales de celles de mademoiselle de Verneuil ; et elle frémit en pensant aux terribles chocs de deux esprits de cette trempe.

Elle frissonna quand elle vit mademoiselle de Verneuil aller en souriant vers le jeune officier, lui jeter un de ces regards passionnés qui enivrent, puis, lui prenant les deux mains, l'attirer à elle et le mener au jour par un geste de coquetterie pleine de malice.

— Ah ça ! dit-elle en cherchant à lire dans ses yeux, maintenant, avouez-le moi... vous n'êtes pas M. du Gua Saint-Cyr ?...

— Si, Mademoiselle...

— Là, vrai, vrai?

— Vrai, répondit-il; et je ne vous en ai pas moins une obligation dont je conserverai une respectueuse reconnaissance.

— J'ai cru sauver un émigré, dit-elle en se parlant à elle-même, mais je vous aime mieux républicain?...

A ces mots échappés de ses lèvres comme par étourderie, elle devint confuse : des teintes ravissantes et plus ou moins empourprées passèrent sur son visage comme des nuages sur un beau ciel. Ses yeux semblèrent rougir. Il n'y avait plus de réserve dans sa contenance; mais une délicieuse naïveté de sentiment. Elle quitta mollement les mains de l'officier, non par honte de les avoir pressées, mais émue par une pensée trop lourde à porter dans son cœur. Elle le laissa ivre et altéré.

Tout-à-coup elle resta surprise de cette liberté, autorisée peut-être par la familiarité de ces aventures de voyage qui ne se nouent si fortement que parce qu'elles cessent aussitôt, et alors reprenant, par un geste de fierté, son attitude virginale, elle salua ses deux compagnons de voyage et disparut avec Francine.

En arrivant dans leur chambre, Francine croisa ses doigts, retourna les paumes de ses jolies mains en se tordant les bras, et contemplant mademoiselle de Verneuil d'un air interrogateur :

— Ah ! Marie, dit-elle, que d'événemens en peu de temps !.. .

Mademoiselle de Verneuil bondit comme un jeune faon, et sautant au cou de Francine :

— Ah ! voilà, voilà la vie !... Je crois être dans le ciel !

— Dans l'enfer, peut-être !... répliqua Francine.

— Oh ! va pour l'enfer ! reprit mademoiselle de Verneuil avec gaieté. Tiens, donne-moi ta main !. . Sens mon cœur? comme il bat; j'ai la fièvre ! — Que le monde entier est peu de chose. — Dans ce désert, il n'y a qu'un homme !... Que de fois j'ai vu cet homme-là dans mes rêves ! Oh ! que sa tête est belle et son regard puissant. — Comme je l'examinais !... — Les pensées se levaient dans mon ame par masses, mon enfant !

— Vous aimera-t-il? demanda d'une voix affaiblie la naïve et simple paysanne dont le visage était empreint d'une sourde mélancolie.

— Oh ! ce n'est pas une question !... répondit mademoiselle de Verneuil. Mais, dis donc, Francine, ajouta-t-elle en se montrant à elle dans une attitude moitié sérieuse, moitié comique, il serait donc bien difficile ?

— Oui, mais sans bornes et toujours ?... reprit Francine en souriant à sa belle et imposante maîtresse.

Elles se regardèrent un moment comme interdites, Francine de révéler tant d'expérience, Marie d'apercevoir l'immense avenir.

Mademoiselle de Verneuil resta comme si, penchée sur un précipice affreux, elle en sondait la profondeur. Une pierre avait été jetée dans l'abîme, elle semblait en attendre le son vague et lointain.

— Hé ! c'est mon affaire ! dit-elle en laissant échapper le geste d'un joueur au désespoir ; je ne plaindrai jamais une femme trahie : qu'elle s'en prenne à elle-même ! — Je saurai bien garder, vivant ou mort, l'homme dont j'aurai conquis le cœur !... — Mais, dit-elle avec surprise et après un moment de silence; d'où sais-tu tout cela, Francine?...

— Mademoiselle, répondit vivement la paysanne, j'entends des pas dans le corridor.

— Ah! voilà comme tu réponds!... Mais, dit-elle en écoutant, ce n'est pas *lui!* ma petite, je te comprends : je t'attendrai ou te devinerai, dissimulée!...

Francine avait raison. Trois coups frappés à la porte interrompirent cette conversation; et, sur l'invitation d'entrer que fit mademoiselle de Verneuil d'une voix douce, le capitaine Merle se montra.

CHAPITRE X.

Après avoir salué militairement mademoiselle de Verneuil, le capitaine s'étant hasardé à lui jeter une œillade, ne trouva rien autre chose à lui dire que : — Mademoiselle, je suis à vos ordres !

— Vous êtes donc devenu mon protecteur par la démission de votre chef de demi-brigade? Votre troupeau d'hommes ne s'appelle-t-il pas ainsi? Ce vieux soldat-là a donc bien peur de moi?...

— Faites excuse, Mademoiselle, Hulot n'a pas peur; mais les femmes, voyez-vous, ça n'est pas son affaire! et ça l'a chiffonné de trouver son général en cornette.

— Cependant, reprit mademoiselle de Verneuil, son devoir était d'obéir à ses supérieurs!... J'aime la subordination, je vous en préviens.—Je ne veux pas qu'on me résiste.

— Cela serait difficile, répondit Merle.

— Tenons conseil, reprit mademoiselle de Verneuil. Vous avez ici des troupes fraîches, elles m'accompagneront à Mayenne où je puis arriver ce soir. Pouvons-nous y trouver de nouveaux soldats pour en repartir sans nous y arrêter? Les chouans ignorent notre petite expédition; et, en voyageant ainsi nuitamment, nous aurions bien du malheur si nous les rencontrions en assez grand nombre pour être attaqués. Voyons, est-ce possible, dites?

— Oui, Mademoiselle.

— Comment est le chemin de Mayenne à Fougères?

— Rude, il faut toujours monter et descendre; c'est un vrai pays d'écureuil.

— Partons, partons, dit-elle, et comme nous n'avons pas de dangers à redouter en sortant d'Alençon, allez en avant, nous vous rejoindrons bien.

— On dirait qu'elle a dix ans de grade, se dit Merle en sortant. — Hulot se trompe: cette jeune fille-là n'est pas de celles qui se font des rentes avec un lit de plume. Et, mille cartouches! si M. le capitaine Merle veut devenir chef de demi-brigade, je ne lui conseille pas de prendre saint Michel pour le diable.

Pendant la conférence de mademoiselle de Verneuil avec le capitaine, Francine était sortie dans l'intention d'examiner par une fenêtre du corridor un point de la cour vers lequel une irrésistible curiosité l'entraînait. Elle le contemplait depuis quelques minutes avec une attention si profonde qu'on aurait pu, à la voir les yeux fixés sur la paille salie et la sombre atmosphère de l'écurie, la croire en prières devant une bonne vierge. Elle aperçut madame du Gua se diriger vers Marche-à-terre avec les précautions d'un chat qui ne veut pas se mouiller les pattes. A son approche, le chouan se leva en gardant devant elle l'attitude du plus profond respect.

Cette étrange aventure éveilla la curiosité de Francine. Légère comme une hirondelle, elle s'élança dans la cour. Elle se glissa le long des murs, de manière à n'être pas aperçue de madame du Gua; et, parvenue à quelques pas de l'écurie, elle essaya de se cacher derrière la porte. Marchant alors sur la pointe du pied, retenant son haleine, évitant de faire le moindre bruit et serrant sa robe pour empêcher la soie de crier, elle se plaça derrière la porte, sans que l'oreille de Marche-à-terre eût pris l'alarme.

— Et si, après toutes ces informations, disait l'inconnue au chouan, ce n'était pas son nom, tu tireras dessus, et il faudra la tuer sans pitié, comme une chienne enragée.

— C'est entendu! répondit Marche-à-terre.

La dame s'éloigna. Le chouan, remettant son bonnet de laine rouge sur la tête, restait debout, se grattant l'oreille comme un homme embarrassé, lorsqu'il vit Francine lui apparaître comme par magie.

— Sainte Vierge d'Auray ! s'écria-t-il. Tout-à-coup il laissa tomber son fouet, joignit les mains et demeura en extase. Une faible rougeur illumina ce visage grossier et ses yeux brillèrent comme des diamans perdus dans la fange.

— Est-ce bien la garce à Cottin?... dit-il d'une voix si sourde, que lui seul pouvait s'entendre. — Etes-vous *godaine!*.... reprit-il après quelques secondes.

Ce mot assez bizarre de *godain*, *godaine*, est un superlatif du patois de ces contrées, qui sert aux amoureux pour exprimer l'accord d'une riche toilette et de la beauté.

— Je n'oserais point vous toucher !.... ajouta Marche-à-terre en avançant néanmoins sa large et rude main vers Francine, comme pour s'assurer du poids d'une grosse chaîne d'or qui tournait autour du cou, et descendait jusqu'à la taille de la jeune fille.

— Et vous feriez bien, Pierre !... répondit Francine inspirée par cet instinct de la femme qui la rend despote quand elle n'est pas opprimée. Elle se recula avec hauteur après avoir délicieusement joui de la surprise du chouan, mais elle compensa la dureté de ses paroles par un regard plein de douceur, et se rapprochant de lui :

— Pierre, reprit-elle, cette dame-là *te* parlait de la jeune demoiselle que j'accompagne ?...

Marche-à-terre resta muet et sa figure lutta comme l'aurore entre les ténèbres et la lumière. Il regarda tour à tour Francine, le gros fouet qu'il avait laissé tomber et la chaîne d'or, ornement de la toilette de Francine, qui paraissait exercer sur lui des séductions aussi puissantes que le visage de la Bretonne; puis, comme pour mettre un terme à son inquiétude, il ramassa son fouet et garda le silence.

— Oh! il n'était pas difficile de deviner que cette dame t'a ordonné de tuer ma maîtresse! reprit Francine, comme si, connaissant la fidélité et la discrétion du gars, elle eût voulu dissiper ses scrupules.

Alors Marche-à-terre baissa la tête d'une manière significative.

— Eh bien! Pierre, s'il lui arrive le moindre malheur, si un cheveu de cette tête-là est arraché, si elle vient à courir le moindre danger... nous nous serons vus ici pour la dernière fois, et pour l'éternité, car je serai dans le paradis, moi! et toi! — tu iras en enfer!...

Le possédé que l'Eglise allait jadis exorciser en grande pompe n'était pas plus agité que Marche-à-terre le devint sous cette imprécation prononcée avec une force de croyance qui lui donnait une sorte de certitude. Ses regards, d'abord empreints d'une tendresse sauvage et combattus par les devoirs d'un fanatisme aussi exigeant que celui de l'amour, devinrent tout-à-coup sombres et farouches quand il aperçut l'air impérieux, le ton résolu de la douce et innocente maîtresse qu'il s'était donnée.

Francine interpréta le silence du chouan à sa manière.

— Tu ne veux donc rien faire pour moi?... lui dit-elle d'un ton de reproche.

A ces mots il jeta sur elle des yeux plus noirs que l'aile d'un corbeau.

— Au moins, tu es libre?... demanda-t-il par un grognement que Francine seule pouvait entendre.

— Est-ce que je serais là ?... répondit-elle avec indignation. Mais toi, que fais-tu ici?... Tu es dans les chouans? tu cours par les chemins comme une bête enragée, cherchant à mordre?... Oh! Pierre, si tu étais sage, tu viendrais avec moi! Cette belle demoiselle a eu soin de nous : j'ai maintenant deux cents livres de bonne rente! Elle m'a acheté pour cinq cents écus la grande maison à mon oncle Thomas — et j'ai deux milles livres d'économies!...

Mais son sourire et les trésors de ses yeux brillans échouèrent devant l'expression sauvage et impénétrable de Marche-à-terre.

— Les Recteurs ont dit de se mettre en chasse! répondit-il; chaque bleu jeté par terre vaut une indulgence!

—Mais les bleus te tueront peut-être?...

Pour toute réponse, il laissa aller ses

bras, comme pour exprimer une sorte de lassitude de la vie et la modicité de l'offrande faite à Dieu et au Roi.

— Et que deviendrai-je, moi?... demanda douloureusement Francine.

Marche-à-terre la regarda avec stupidité : ses yeux semblèrent grandir, il s'en échappa deux larmes qui roulèrent parallèlement de ses joues velues sur les peaux de chèvre dont il était couvert; puis un sourd gémissement sortit de sa poitrine.

—Sainte Vierge d'Auray! Pierre, voilà donc tout ce que tu me diras après une séparation de dix ans!... Ah! que tu as changé!

—Je t'aime toujours! répondit le chouan d'une voix brusque.

— Non! lui dit-elle à l'oreille, le Roi est avant moi dans ton cœur!

— Si tu me regardes ainsi, reprit-il, je m'en vais.

— Eh bien ! adieu ! dit-elle avec tristesse.

— Adieu ! répéta Marche-à-terre. Mais il saisit la main de Francine, la serra, la baisa ; et faisant un signe de croix, il se sauva au fond de l'écurie, comme un chien qui a dérobé un os dans une maison étrangère.

— Pille-miche, dit-il à son camarade, je n'y vois goutte ! — As-tu sur toi une *chinchoire ?*

— Oh ! la belle chaîne !.... répondit Pille-miche en fouillant dans une poche pratiquée sous sa peau de bique. Il présenta à Marche-à-terre ce petit cône en corne de bœuf dans lequel les Bretons mettent le tabac fin qu'ils lévigent eux-mêmes pendant les longues soirées d'hiver.

Le chouan tendit son poignet de manière à y former, en levant le pouce, ce creux où les invalides insèrent leur prise de tabac, et il secoua fortement la chinchoire dont Pille-miche avait dévissé la pointe : il en tomba lentement une poussière impalpable par le petit trou qui terminait le cône. Marche-à-terre recommença sept ou huit fois ce manége silencieux, comme si cette poudre eût possédé le pouvoir de changer la nature de ses pensées. Tout-à-coup, laissant échapper un geste désespéré, il jeta à Pille-miche la chinchoire et ramassa une carabine cachée dans la paille.

— Sept à huit *chinchées* comme ça de suite, ça ne vaut *rin!* dit Pille-miche.

— En route!... s'écria Marche-à-terre d'une voix rauque; nous avons de la besogne!

Une trentaine de chouans qui dormaient

sous les râteliers et dans la paille, levèrent la tête comme une meute de chiens; ils virent Marche-à-terre debout, ils disparurent sur-le-champ par une porte qui donnait sur les jardins.

Lorsque Francine sortit de l'écurie, elle trouva la calèche prête à partir. Mademoiselle de Verneuil et ses deux compagnons de voyage étaient déjà montés. La Bretonne frémit en voyant sa maîtresse au fond de la voiture à côté de la femme qui venait d'ordonner sa mort. Le jeune officier se mit en face de Marie; aussitôt que Francine se fut assise, la calèche partit au grand trot.

Le soleil avait dissipé les nuages gris de l'automne; ses rayons animaient la mélancolie des champs par un certain air de fête et de jeunesse; la nature semblait faire ses adieux par des sourires.

Francine fut étrangement surprise du

silence qui régna d'abord entre les voyageurs. Mademoiselle de Verneuil, recueillie et réservée, avait repris son attitude de candeur : une longue capote blanche laissait voir difficilement son visage; elle se tenait les yeux baissés, la tête doucement inclinée, les mains enveloppées dans une espèce de mante où elle avait enseveli ses formes; si elle levait les yeux, elle les portait sur les paysages qui s'enfuyaient en tournoyant avec rapidité; et, certaine d'être admirée, elle semblait se refuser à l'admiration. Mais l'excessive pureté qui donne une touchante harmonie aux créatures faibles ne pouvait pas prêter son charme à cette ame que le nombre et la violence de ses impressions prédestinaient à d'éternels ouragans.

L'inconnu, en proie à une ivresse rare dans la vie, ne cherchait pas encore à s'expliquer le désaccord de cette coquetterie avec l'exaltation du caractère, car cette candeur jouée lui permettait de contempler à son aise cette figure aussi embellie par le calme que par l'agitation; et en général nous n'accusons guère la source de nos jouissances.

Le mouvement d'une voiture prête de vives couleurs aux méditations de l'amour. La contemplation y abonde en raffinemens inconnus, et l'œil fait d'étranges découvertes de beauté sur ces visages souvent indifférens qui ne peuvent pas se soustraire aux regards auxquels notre ame s'attache comme à la seule distraction qui se présente pour elle dans le voyage.

Le jeune officier se plaisait à imprimer au fond de son ame le souvenir de ces lignes de lumière si pures et si brillantes qui dessinaient les contours du visage de mademoiselle de Verneuil : il admirait la transparence rosée des narines et le double arc qui unissait le nez à la lèvre supérieure; il comptait les nuances de cette peau d'une blancheur azurée comme la nacre autour des yeux et de la bouche, purpurine sur les joues, matte vers les tempes et sur le cou; il étudiait, comme dans un tableau, les oppositions de lumière et d'ombre produites par les caprices de ces cheveux noirs qui déguisaient sous leurs rouleaux luisans les méplats de la figure, laissant çà et là sur le front des places d'un éclat argenté; il attendait avec bonheur le mouvement répété des paupières, les jeux séduisans de la respiration et ceux du sein; il épiait un accord entre l'expression des yeux et l'imperceptible inflexion des lèvres; chaque geste lui livrait une ame, chaque mouvement une beauté nouvelle; et si quelques pensées venaient agiter ces traits si mobiles, si la rougeur s'y infusait, si le sourire y répandait la vie, il savourait les délices de ces fêtes silencieuses : sa rêverie avait d'écrasantes voluptés.

Rien n'échappait à l'ardent jeune homme : ni cette respiration mutuelle de l'air qui passe, ni la chaleur communicative du plus léger des contacts qui semble alors faire battre à l'unisson des artères séparées : tout était piége pour l'ame, piége pour les sens; et le silence, loin d'être un obstacle à l'entente des cœurs, devenait un lien commun de leurs pensées.

Quelques regards où ses yeux rencontrèrent ceux de l'étranger apprirent à mademoiselle de Verneuil que ce silence en disait trop; depuis un moment il était effrayant; alors, s'adressant à madame du Gua, elle fit quelques-unes de ces demandes insignifiantes qui préludent aux conversations, mais où elle ne put s'empêcher de parler de son jeune partenaire.

— Madame, comment avez-vous pu, disait-elle, vous décider à mettre monsieur votre fils dans la marine? C'est vous condamner à de perpétuelles inquiétudes.

—Mademoiselle, le destin des femmes... des mères est de toujours trembler pour leurs trésors!

— Comme monsieur vous ressemble!...

— Vous trouvez, Mademoiselle?

Cette innocente *légitimation* de l'âge que madame du Gua s'était donné, fit sourire le jeune homme et inspira un nouveau dépit à sa prétendue mère. Sa haine se grossissait à chaque regard passionné jeté par le jeune marin sur mademoiselle de Verneuil. Le silence comme les discours, tout allumait en elle une effroyable rage déguisée sous les manières les plus affectueuses.

— Mademoiselle, dit alors l'inconnu, c'est une erreur de croire les marins plus exposés que les autres militaires; et nous avons sur eux, par rapport à vous, l'avantage immense de rester fidèles...

— Oh! de force! répondit en riant mademoiselle de Verneuil.

— C'est toujours de la fidélité! répliqua madame du Gua d'un ton presque sombre.

Une conversation animée voila, sous les jeux de l'esprit, les désirs, les passions, les espérances des trois voyageurs; l'accent seul pouvait les trahir, car la parole était discrète. Ces discours, sans intérêt pour cette histoire, apprirent à madame du Gua que la calomnie et la trahison pouvaient seules la faire triompher de cette rivale aussi redoutable par son esprit que par sa beauté.

Les voyageurs eurent bientôt atteint leur escorte, et la voiture roula moins rapidement. Le jeune marin, apercevant une longue côte à monter, proposa une promenade à mademoiselle de Verneuil. Elle parut céder au bon goût des manières et à l'affectueuse politesse du jeune homme; elle accepta, mais en donnant à son consentement le mérite d'une faveur d'autant plus grande qu'elle paraissait s'écarter du rôle assigné à une jeune fille par les convenances.

— Madame est-elle de mon avis? demanda-t-elle à madame du Gua. — Voulons-nous nous promener?...

— Triple coquette! dit en murmurant la dame qui descendait de voiture.

Alors mademoiselle de Verneuil et l'inconnu marchèrent ensemble mais séparés ; et le marin, dévoré du desir de soumettre cette ame puissante et neuve, jaloux surtout de faire tomber la réserve qu'on lui opposait et dont il était fier, crut réussir en jouant avec la jeune fille à la faveur de cette amabilité française, de cet esprit parfois léger, parfois sérieux, toujours chevaleresque, souvent moqueur, qui distinguait les hommes remarquables de l'aristocratie exilée. Mais sa rieuse compagne le plaisanta si malicieusement, en lui reprochant ses intentions et en s'attachant de préférence aux idées fortes et à l'exaltation qui perçaient malgré lui dans ses discours, à travers les broderies de l'esprit, qu'il devina facilement le secret de plaire à cette inconnue.

La conversation changea donc. Aux yeux de la jeune fille, les espérances données par la figure expressive et distinguée de l'étranger se réalisèrent. Lui-même éprouva à chaque instant de nouvelles difficultés à apprécier la sirène dont il s'éprenait de plus en plus. Il s'aperçut que les secrets de sa beauté n'étaient pas tous sur son visage : il suspendit ses jugemens sur une créature qui se faisait un jeu de les rendre tous caducs; et, après avoir été séduit par la contemplation de sa beauté, il se trouva entraîné dans les renaissantes espérances de découvrir les trésors inconnus de cette ame inconnue.

Cette conversation prit bientôt un caractère d'intimité très-étranger au ton que mademoiselle de Verneuil s'efforça de lui imprimer et de lui conserver. Suivis d'abord par madame du Gua et Francine, ils avaient insensiblement marché plus vite qu'elles, et ils se trouvèrent tout-à-coup seuls, sous les yeux de leurs mentors il est vrai, mais séparés d'eux d'environ une centaine de pas. Ils foulaient le sable fin de la route, emportés par le charme enfantin d'unir le léger retentissement de leurs pas, de se voir comme enveloppés d'un même rayon de lumière qui paraissait appartenir au soleil du printemps, et ils savouraient le plaisir de respirer ensemble ces parfums d'automne chargés de tant de dépouilles végétales, qu'ils semblent une nourriture apportée par les airs à la mélancolie. Cette union éphémère était comme un présage qu'ils acceptaient en silence.

Leurs discours avaient déjà brillé de toutes les pensées qu'ils se cachaient par d'insignifiantes demandes et d'incompréhensibles réponses dont le sens mystérieux ne pouvait être compris que de leurs cœurs; lorsqu'ils commencèrent à faire l'éloge de la journée, de sa beauté, de cette heureuse rencontre, de la rupture prochaine de leur liaison, de la facilité qu'on met à s'épancher avec ceux qu'on ne doit jamais revoir; et là le jeune homme, profitant de la tacite permission qu'ils venaient de se donner, essaya de risquer quelques aveux indirects.

— Remarquez-vous, Mademoiselle, lui disait-il, comme dans le temps de terreur où nous vivons, les sentimens suivent peu la route commune? Tout, autour de nous, est frappé d'une inexplicable soudaineté : nous aimons, nous haïssons sur la foi d'un regard. L'on s'unit pour la vie avec la célérité dont on marche à la mort. On se dépêche en tout comme la nation dans ses tumultes. Au milieu de ces dangers, les étreintes sont plus vives; et, comme sur un champ de bataille, on sait tout ce que dit une poignée de main.

— On sent la nécessité de vivre vite et beaucoup, répondit-elle, parce qu'on a peu à vivre. Elle jeta à son jeune compagnon un malicieux regard qui semblait lui montrer le terme de leur court voyage.

— Que pensez-vous de moi?... demanda-t-il après un moment de silence; dites-moi votre opinion sans ménagemens.

— Vous voulez acquérir le droit de me parler de moi, répliqua-t-elle en riant. — Je me tairai.

— Et quel malheur nos confidences peuvent-elles donc produire? — Nous nous quittons, reprit-il d'une voix insinuante; ne peut-on pas se livrer à son admiration, quand elle n'ouvre aucun avenir, ne laisse aucune espérance?

Il voulait être contredit, mais sa compagne se connaissait en ruse. Elle se tut, éprouvant trop de plaisir à le voir s'avancer.

— Vous ne répondez pas? reprit-il. C'est une réponse que le silence.

— Ne deviné-je pas tout ce que vous voudriez pouvoir me dire. — Vous prenez là une route bien vulgaire...

— Oh! si nous nous entendons.... reprit-il en riant, j'obtiens plus que je n'osais espérer.

Elle sourit. Alors ils se persuadèrent autant sérieusement que par plaisanterie qu'il leur était impossible d'être jamais l'un à l'autre, autre chose que ce qu'ils étaient en ce moment.

Lorsqu'ils eurent élevé ainsi entre eux une barrière de rubans, à la manière des enfans, ils se livrèrent à la dangereuse liberté qu'ils venaient d'acquitter de tout blâme, et le jeune officier dit avec une piquante expression de physionomie :

— Convenons de nous aimer pour rire.

— Ce serait aussi difficile que de faire naufrage sans se noyer, dit-elle; mais ici nous avons une chaloupe. Elle montra la calèche et madame du Gua qui les suivaient. Comme elle tournait la tête, elle heurta un caillou et fit un faux pas.

— Prenez mon bras! dit l'inconnu.

— Il le faut bien, étourdi! vous seriez trop fier si je refusais.

— Prenez garde, Mademoiselle; voilà la plus grande faveur qu'on puisse accorder à un amant pour rire.

— Eh bien! ma facilité lui ôtera ses illusions.

— Voulez-vous donc même me défendre du danger des émotions que vous faites naître?

— Vous donnez bien de la délicatesse à mes motifs! — Mais cessez de vous entortiller dans ces petites idées de boudoir, ces logogryphes de ruelle. Cela me fatigue. Je n'aime pas cet esprit dont les sots s'incrustent. Voyez! nous sommes sous un beau ciel, en pleine campagne; ce cadre-là ne souffre pas de mesquineries, de madrigaux. Vous voulez me dire que je suis belle, n'est-ce pas? — Pourquoi vous répéter?... Voudriez-vous, par hasard, me parler de *vos sentimens?*... — Elle mit à ces mots une emphase sardonique. — Mais me supposeriez-vous la simplicité de croire à des sympathies soudaines assez puissantes pour faire dominer une vie entière par le souvenir d'une matinée?

— Non pas d'une matinée, dit-il en tremblant, mais d'une femme...

— Et quelle femme! reprit-elle en savourant secrètement la douceur de cette louange; une femme inconnue! Ah! que d'attraits elle offre à un de ces tyrans de la création, qu'on m'a dit si orgueilleux du privilége de pouvoir vendre un jour de bonheur pour des années de larmes !...

— Ah ! Mademoiselle, c'est bien quand on aime pour rire qu'on parle d'amour !

Elle sourit en lui répondant : — Ai-je donc parlé d'amour ? Eh bien ! soit. C'est là un secret de conversation entre deux personnes, comme la pluie et le beau temps quand on est en visite. Prenons-le ! je serai ravie d'apprendre sous quel jour vous ferez briller à mes yeux les diamans que vous nous promettez tous. Ce mot d'amour m'a été répété au théâtre, dans les livres, dans le monde, partout... Et quant à contempler le trésor contenu dans l'écrin dont tout homme se plaît à me lire l'étiquette, il faudrait l'ouvrir... je n'ai jamais pu.

— Avez-vous essayé ?

— Oui.

Ce mot fut prononcé avec une telle

richesse de sons et une bonne foi si naïve, que le jeune homme étonné recula d'un pas, épiant le visage de mademoiselle de Verneuil comme s'il eût cherché à la convaincre de perfidie : il se refusait à accorder tant d'innocence à une jeune fille dont les idées étaient si libres.

— Mademoiselle, dit-il avec une émotion profonde, vous êtes un ange ou un démon.

— Vous vous trompez, reprit-elle en riant, je suis l'un et l'autre. N'est-ce pas ainsi que vous nommeriez une jeune fille assez belle, si j'en crois ma glace ; mais qui n'a point aimé, n'aime pas, n'aimera jamais. — Et elle lui fit une petite révérence ironique.

— Si vous vous trouvez heureuse ainsi... dit-il en balbutiant.

— Oh ! heureuse, reprit-elle, non. Si je viens à penser que je suis faible, seule, dominée par des conventions sociales qui nous rendent artificieuses, j'envie les priviléges de l'homme; mais ce sont des trésors que je ne puis posséder, et, tout en voulant jouer la force, je suis comme un avare sans or. Alors j'entrevois souvent que nous ne sommes après tout que le second tome d'un ouvrage en deux volumes : cette pensée a le don de me rendre aussi folle et légère que la flamme bleue d'un foyer; tantôt j'aperçois notre joug, et il me plaît; tantôt il me semble horrible, et je m'y refuse : ange et démon, vous l'avez dit.

— Oh! Mademoiselle, pourquoi nous quittons-nous ce soir?..

— Ah! dit-elle en souriant au regard passionné du jeune homme, remontons en voiture, le grand air ne nous vaut plus rien.

. . . .

Elle se retourna brusquement, l'inconnu la suivit; et, serrant légèrement le bras de mademoiselle de Verneuil, il l'instruisit par cette douce pression des battemens précipités de son cœur.

Elle marcha plus vite, et lui, n'en étant que plus ardent à obtenir quelque espérance, lui dit en la regardant de côté :

— Voulez-vous que je vous apprenne un secret ?

— Oh ! dites, dites...

— Je ne suis point au service de la république. — Où allez-vous ? — J'irai.

A cette phrase, elle trembla violemment, elle lui retira son bras, se couvrit des mains le visage pour lui dérober la rougeur ou la pâleur peut-être qui altéra ses traits; mais dégageant tout-à-coup sa figure, elle lui jeta un regard mêlé de terreur et de reproche; puis, après un court silence, elle lui dit d'une voix attendrissante :

— Oh! vous avez donc commencé comme vous auriez fini : — vous m'avez trompée !... — Est-ce vrai ? dites.

— Oui.

Alors elle tourna le dos à la calèche vers laquelle ils se dirigeaient et se mit à marcher très-vite.

— Mais, reprit l'inconnu, l'air ne nous vaut plus rien.

— Oh ! il a changé ! dit-elle avec un son de voix grave. Elle continua de marcher en proie à des pensées orageuses.

— Vous vous taisez ?... demanda doucement l'étranger, le cœur ému et rempli de cette douce terreur que donne le doute en amour.

— Oh! dit-elle avec un regard sombre et un accent bref, vous seriez bien impertinent, si ce n'était pas pour rire.

Elle s'arrêta, le toisa d'un air empreint d'une double expression de crainte et de curiosité :

— Qui êtes-vous? reprit-elle. Le Gars?.. — Sa respiration était haute, ses joues pourpres, ses yeux perçans. — Répondez?... demanda-t-elle.

— Quel intérêt avez-vous donc à le savoir?

— Quel intérêt avez-vous à me le cacher?

Il hésitait, elle se mit à rire, mais forcément.

— Que j'ai sagement fait de vous empêcher de me dire que vous m'aimiez; car vous êtes de ceux qui mangent volontiers dans la main de leur maîtresse et ne la laissent pas manger dans la leur... Eh bien! oui, ajouta-t-elle, j'ai un immense intérêt à apprendre qui vous êtes... mais je le sais, votre hésitation le prouve, vous êtes le Gars.

— Eh ! non, répondit-il avec un geste d'impatience.

— Peut-on se jouer avec plus de dédain de la vie et de la mort ? reprit-elle. Monsieur le marquis, vous êtes en danger, entouré d'ennemis, près de succomber peut-être... Hélas ! j'en dis trop... Parlez, parlez ! dit-elle avec une énergie surnaturelle, confiez-vous à moi ? qui êtes-vous ?

— Un marin, prêt à quitter les paysages de l'Océan pour vous suivre partout où votre imagination voudra me guider. Si j'ai le bonheur de vous offrir quelque mystère, je me garderai bien de détruire votre curiosité ; pourquoi mêler les graves intérêts de la vie réelle à cette vie idéale où nous nous entendions si bien ?

— Nos ames auraient pu s'entendre, si vous aviez été sincère, dit-elle d'un ton solennel. Mais, Monsieur, je n'ai pas le droit d'exiger la moindre chose de vous. — Je me tairai.

Ils avancèrent de quelques pas dans le plus profond silence.

— Comme ma vie vous intéresse! reprit l'inconnu, et qu'avec vous l'on fait de chemin!..

— Sur la grande route, répondit-elle avec une froide ironie.

L'obstination que cette jeune fille bizarre mettait à connaître son secret étonna le jeune homme. Il hésitait entre la prudence et l'amour. La durée de ce combat était une insulte pour mademoiselle de Verneuil qui lui fit bien voir qu'elle le jugeait incapable d'aimer. Le dépit d'une femme refusée a de bien puissans attraits. Sa soumission comme sa colère sont si indiscrètes! Cette plainte, l'arme des faibles, muette ou sonore, attaque tant de fibres, ouvre tant de pores! Elle pénètre, elle subjugue. Etait-ce, chez mademoiselle de Verneuil, une coquetterie de plus? Elle paraissait trop grande. Alors le jeune homme, confus, essaya de l'entraîner sur un autre terrain.

— Pourquoi, lui dit-il en lui prenant la main qu'elle laissa prendre par distraction, pourquoi une révélation qui donnait un avenir à cette journée, a-t-elle terni l'éclat du moment où nos ames s'entendaient?

Elle soupira, sa marche saccadée avait quelque chose de hagard, elle paraissait souffrir, elle garda le silence.

— En quoi puis-je vous affliger? Que puis-je faire pour vous apaiser?

— Dites-moi votre nom!

A son tour il marcha en silence; ils avancèrent de quelques pas. Tout-à-coup mademoiselle de Verneuil s'arrêta.

— Monsieur le marquis de Montauran, dit-elle avec dignité, mais au milieu d'une agitation secrète qui donna une sorte de tremblement nerveux à ses traits; je suis charmée de vous rendre un bon office. Ici, nous allons nous séparer. Je pense maintenant que j'ai oublié de m'acquitter d'un devoir que j'avais à remplir à Alençon. — Mon escorte et ma voiture sont trop nécessaires à votre sûreté pour que vous n'acceptiez pas l'une et l'autre. — Vous m'obligerez de laisser à Mayenne ce bagage dont Francine m'a embarrassée; et, après votre arrivée dans un lieu sûr, vous me renverrez la calèche. — Ne craignez rien des républicains, je vais donner mes ordres au capitaine Merle. — Quant à moi, je puis regagner Alençon à pied avec Francine; quelques soldats nous accompagneront. — Adieu, Monsieur. Puissiez-vous être heureux !... Adieu.

Et elle fit un signe au capitaine Merle qui atteignait alors le haut de la colline.

Le jeune homme stupéfait pâlit. Il ne s'attendait pas au dénouement terrible pour lui d'une passion si forte, car ils ne se trompaient ni l'un ni l'autre.

— Attendez, attendez ! cria-t-il sourdement et avec désespoir en retenant la main de mademoiselle de Verneuil.

Ce singulier caprice d'une fille pour laquelle il aurait alors sacrifié sa vie le surprit tellement qu'il inventa une innocente ruse pour tout à la fois lui cacher son nom et satisfaire sa curiosité.

— Oui, dit-il, je suis émigré et condamné à mort. Je suis le marquis de Marigny. L'amour de la France m'y ramène ; et, par l'influence de madame de Beauharnais, aujourd'hui la femme du premier consul, j'espère me faire radier de la liste. Si j'échoue, alors je veux mourir sur la terre de mon pays, en combattant auprès de Montauran : il est mon ami, et je vais, à l'aide d'un passe-port qu'il m'a fait parvenir, savoir s'il me reste quelques propriétés en Bretagne.

Pendant qu'il parlait, mademoiselle de Verneuil l'examinait d'un œil perçant. Elle essaya de douter de la vérité de ses paroles; mais crédule, confiante, elle reprenait lentement une expression de sérénité et s'écria :

— Vous êtes donc sans fortune ?

— A peu près.

— Mais vous êtes libre, plein d'avenir.

Alors ce fut elle qui lui prit le bras et lui montrant l'horizon : — Laissez-moi vous prophétiser une belle vie.

— Belle ! reprit-il, ah ! jamais sans vous.

En entendant cette phrase échappée à une passion forte et vraie, elle se mit à sourire et dit avec une ironie qui n'avait plus rien d'amer :

— L'air ne nous vaut décidément plus rien !... remontons avec nos chaperons.

CHAPITRE XI.

La voiture ne tarda pas à rejoindre les deux amans, et ils firent quelques lieues dans le plus profond silence. Leurs yeux ne craignaient plus de se rencontrer : chargés de mille pensées et interprètes fidèles, ils répandirent des émotions inconnues dans ces jeunes ames.

Cependant le marquis se demandait par quel étonnant privilége une jeune fille pouvait allier tant de liberté, tant de connaissances acquises, une ame si agressive, à une modestie, à une pudeur si délicates; et alors il crut découvrir dans l'extrême chasteté des attitudes la nécessité de paraître chaste. Il osa soupçonner mademoiselle de Verneuil de feinte. S'accusant, pour ainsi dire, d'avoir trop de bonheur, il se querella sur son plaisir et ne voulut plus voir dans cette jeune fille qu'une habile comédienne.

En ce moment, il avait raison contre lui-même : mademoiselle de Verneuil jouait, comme toutes les filles du monde, l'une des premières scènes de l'amour; et d'autant plus modeste qu'elle ressentait plus d'ardeur, elle avait repris cette contenance de pruderie sous laquelle les femmes voilent si bien les orages du cœur. Toutes voudraient s'offrir vierges à l'amour, et la feinte est toujours un hommage rendu à leur amant. Ces réflexions qui passèrent rapidement dans l'ame du marin, lui donnèrent quelque fierté. Une joie délirante l'enivra; tandis que mademoiselle de Verneuil devint pensive : l'un cueillait une fleur de sa vie, c'était un des mille sentimens qu'il devait éprouver; l'autre apercevait une vie entière, sa seule vie.

Les yeux de la jeune fille marquèrent parfois de la terreur; mais opposant à cet effroi le plaisir qu'elle avait à contempler cette figure d'homme empreinte de force, elle s'applaudissait de rencontrer une part plus belle que celle de beaucoup d'autres femmes. Il lui était si doux de voir en son amant un esprit lumineux de sa propre sphère ; de penser que, comme deux cœurs dignes de prier, d'aimer et de s'unir, ils parcourraient les plus hautes régions de la vie ; volant de sommets en sommets d'une même aile, écoutant une même harmonie, redisant un même son, comme deux échos des célestes mélodies, dont l'un serait grave, l'autre faible et doux, mais également fidèle.

L'imagination de mademoiselle de Verneuil lui ayant fait franchir une immense étendue, elle revint sur ses pas. Agissant en cela instinctivement comme toutes les femmes, après être convenue avec elle-même de se donner tout entière, elle voulait, pour ainsi dire, se vendre cher en détail. Elle redemandait au passé toutes ses actions, ses paroles, ses regards pour les mettre en harmonie avec la dignité de la femme aimée, avec ce respect nouveau qu'une jeune fille a pour elle-même, quand elle exerce le pouvoir, ce pouvoir avec lequel elle veut long-temps jouer avant de l'abolir.

Devant la pensée d'occuper sans partage l'ame de ce jeune homme, tout prit une physionomie différente : Francine elle-même lui parut plus jolie. Entre le moment où, cinq heures avant, elle se *mit en tête* de composer son visage et sa voix pour agacer le jeune marin, et le moment présent, où elle pouvait le bouleverser d'un regard, il y avait la différence de l'univers mort à un vivant univers. Elle semblait comprendre les ressorts du monde, entendre leur jeu. Le rire et de joyeuses coquetteries lui cachèrent une immense passion. Elle se présenta comme le malheur — en souriant. Mais à travers les myriades de pensées qui se pressaient dans l'ame de mademoiselle de

Verneuil, elle avait parfois quelques sombres révélations de la douleur : son cœur aima cette terrible chance ; elle l'accepta avec plus d'ardeur qu'une autre femme. Le luxe de ses désirs si souvent trompés devait être surpassé par la réalité.

Alors la vie extérieure prit pour elle le caractère d'une fantasmagorie : la calèche passait par des villages, des vallons, des montagnes dont aucun souvenir ne s'imprimait dans son ame. Elle arriva à Mayenne, les soldats de l'escorte changèrent, Merle lui parla, elle répondit, elle traversa une ville, elle se remit en route. Les figures, les maisons, les rues, les paysages, les hommes furent emportés comme les formes indistinctes d'un rêve. La nuit vint. Elle se trouva sous un ciel de diamans, enveloppée de sa douce lumière et sur la route de Fougères, sans qu'il lui vînt dans la pensée que le ciel eût changé d'aspect, sans savoir ce que c'était que Mayenne et Fougères et où elle allait. Quitter dans peu d'heures l'homme de son choix et dont elle était choisie n'était pas une idée: l'amour est la seule passion dont les paroxismes ne souffrent ni passé ni avenir.

L'aurore qui se levait dans son ame inondait la jeune fille de richesses accablantes: elle semblait vivre des yeux, ou étudier la dangereuse lumière des *siens* pour s'y familiariser. Si parfois sa voix douce et mélodieuse errait sur ses lèvres légèrement entr'ouvertes, c'était pour jeter dans l'ame de son amant des phrases dénuées de sens, mais qui résonnaient comme les notes fugitives d'un prélude. Messagères ignorantes de la poésie qu'elles portaient et semblables au prisme, ces vagues idées transmettaient les vives couleurs d'une céleste lumière sans en garder l'empreinte.

Jamais deux flammes d'incendie ne réunirent leurs langues jaspées et bleuâtres avec plus de promptitude que ces deux ames leurs désirs et leurs espérances. Cette union avait pour les deux témoins de cet enthousiasme, je ne sais quoi d'effrayant; car Francine connaissait l'ame de mademoiselle de Verneuil comme l'étrangère celle du marquis. Silencieuses toutes deux, elles semblaient attendre comme le dénouement d'une tragédie; et elles ne tardèrent pas à voir de nouvelles scènes se développer au milieu d'une nuit dont tous les flambeaux s'étaient allumés pour éclairer les événemens de ce drame.

A peine les quatre voyageurs avaient-ils fait une lieue hors de Mayenne, qu'ils virent un homme à cheval voltiger autour d'eux comme une ombre. Lorsqu'il atteignit la voiture, il se pencha doucement pour y regarder mademoiselle de Verneuil. Elle reconnut Corentin. Il se permit un signe d'intelligence dont la familiarité avait quelque chose d'équivoque. Son sourire était affreux : la joie de l'enfer et le hurlement du crime heureux ne sont pas plus terribles. Il s'enfuit comme à tire-d'ailes, semblable à une chauve-souris de Ceylan qui a sucé les veines d'un voyageur endormi sous les palmiers. Ce signe, ce sourire, glacèrent mademoiselle de Verneuil. Elle jeta un cri de surprise comme un enfant auquel on vient d'arracher son jouet favori, et cette vision lui apporta une sorte de présage sinistre.

L'inconnu parut désagréablement affecté de cette circonstance qui n'échappait à aucun des voyageurs, mais mademoiselle de Verneuil le pressa légèrement; et, par un regard, sembla se réfugier dans son cœur comme dans le seul asile qu'elle eût sur terre. Alors le front du jeune homme se dérida et il sourit, comprenant dans son ame que ce regard devenait le dernier sceau de leur union. Ils s'étaient révélé, comme par mégarde, l'étendue et la puissance de leur attachement. Une inexplicable peur avait fait évanouir la coquetterie : l'amour se montrait un moment sans voile. Ils se turent et craignirent même de s'interroger des yeux. Malheureusement au milieu d'eux une femme voyait tout; et, comme un avare assistant à un festin, semblait compter les morceaux et leur mesurer la vie.

En proie à leur bonheur, les deux amans avaient parcouru un espace de route dont le postillon seul connaissait la longueur. Ils arrivèrent à cette partie du chemin située au fond de la vallée d'Ernée; elle forme le premier de ces trois bassins qui ressemblent à des corbeilles pleines de fleurs et à travers lesquels s'étaient passés les événemens qui ont servi d'exposition à cette histoire.

Là, Francine aperçut d'étranges figures se mouvoir à travers les arbres et sur les ceintures de terre dont les champs sont entourés. Ces formes légères semblaient danser sur les prés comme les fantastiques créations de la poésie moderne; mais quand la voiture arriva dans la direction de ces ombres, une décharge générale, dont les balles passèrent en sifflant au-dessus des têtes, apprit aux curieux que tout était positif dans cette apparition. L'escorte tombait dans une nouvelle embuscade.

A cette vive fusillade, le capitaine Merle regretta vivement d'avoir partagé l'erreur de mademoiselle de Verneuil qui, croyant à la sécurité d'un voyage nocturne et rapide, ne lui avait laissé prendre qu'une soixantaine d'hommes. Aussitôt le capitaine, secondé par Gérard, dirigea sa petite troupe au pas de course à travers un champ de genêts et d'ajoncs, cherchant les assaillans sans les compter. Les bleus se mirent à battre ces épais buissons avec une intrépidité pleine d'imprudence, et répondirent par un feu soutenu à l'attaque des chouans.

Le premier mouvement de mademoiselle de Verneuil avait été de sauter hors de la calèche et de courir au milieu de la route pendant une cinquantaine de pas pour se mettre hors du champ de bataille; mais honteuse de sa peur et mue par ce sentiment qui nous porte à nous grandir aux yeux de l'être aimé, elle demeura immobile et tâcha d'examiner froidement le combat.

L'inconnu l'avait suivie. Il lui prit le bras et saisit en même temps la main qu'il plaça sur son cœur.

— Vous voyez?... dit-elle en souriant; je pense, comme l'empereur romain, qu'il faut mourir debout!...

A ce moment Francine effrayée lui cria :
— Marie! Marie!...

Mais Francine qui voulait s'élancer hors de la voiture se sentit arrêtée par une main vigoureuse. Le poids de cette main énorme lui arracha un cri violent; elle se retourna et rentra dans le silence en reconnaissant la figure de Marche-à-terre.

— Je devrai donc à deux de vos terreurs, disait l'étranger à mademoiselle de Verneuil, la révélation des deux plus doux secrets du cœur! Grâce à Francine, j'apprends que vous portez le nom gracieux et sacré de Marie!.. Marie, le nom que j'ai prononcé dans toutes mes angoisses;

Marie, le nom que je prononcerai aussi dans la joie, et que je ne dirai plus maintenant sans commettre une sorte de sacrilége, mettant une femme au même rang que celle qui veille à notre bonheur. Quel charme de prier, d'aimer tout ensemble! Ah! le cri du pauvre émigré est complet : Dieu, le Roi et ma Dame!

A ces mots ils se serrèrent fortement la main et se regardèrent en silence. L'excès de leur amour leur ôta la force et le pouvoir de l'exprimer. Un rire arrêté, douloureux même, crispa leur visage, et ils souffrirent de leur joie.

— *Ce n'est pas pour vous autres qu'il y a du danger!* dit brutalement Marche-à-terre à Francine en donnant aux sons rauques et gutturaux de sa voix une sinistre expression de reproche et appuyant sur chaque mot de manière à jeter l'innocente paysanne dans la stupeur.

Pour la première fois elle apercevait toute la férocité des regards de Marche-à-terre. La lueur de la lune semblait être la seule qui convînt à cette figure : son bonnet à une main, sa lourde carabine dans l'autre, court, ramassé comme un gnôme et enveloppé de cette blanche lumière si capricieuse dans ses flots qui donnent aux formes de si bizarres aspects, ce sauvage Breton appartenait ainsi plutôt à la féerie qu'au domaine de la réalité. Cette apparition, son reproche eurent quelque chose de la rapidité des fantômes.

Il se tourna brusquement vers l'étrangère avec laquelle il échangea de vives paroles; mais Francine, qui avait un peu oublié le bas-breton, ne put y rien comprendre. La dame paraissait donner à Marche-à-terre des ordres multipliés. Cette conférence d'une minute fut terminée par un geste impérieux de l'inconnue qui désignait au chouan le groupe formé à cinquante pas de là par les deux amans, comme un Vandale aurait montré un chef-d'œuvre des arts à détruire.

Avant d'obéir, Marche-à-terre jeta un dernier regard à Francine qu'il semblait plaindre. Il aurait voulu lui parler, la paysanne devina que son silence était forcé. Sa peau rude et tannée parvint à se plisser sur le front et ses sourcils se rapprochèrent. Cette grimace le rendit sans doute plus hideux à l'étrangère, mais l'éclair flamboyant de ses yeux devint presque doux, et Francine lut facilement dans ce regard que toute l'énergie de ce sauvage se courberait sous sa volonté de femme comme un peuplier vigoureux sous l'effort du vent. Elle espéra régner encore, après Dieu, sur ce cœur grossier, et devenir la seconde de ses superstitions en marchant dans son cœur avant les saints et les anges. Elle eut de la terreur et de l'espérance.

L'apparition de Marche-à-terre interrompit, comme un son discord trouble une mélodie, le doux entretien de Marie et de l'étranger.

A ce moment le feu de l'escarmouche roulait avec une étonnante vivacité sans que les deux partis en vinssent aux mains.

— Serait-ce une fausse attaque pour enlever nos voyageurs et leur imposer une rançon!.. s'écria Gérard.

— Tu as tes pieds dans leurs souliers ou le diable m'emporte!.. répondit Merle en volant sur la route.

Le capitaine ayant tourné la tête avait aperçu Marche-à-terre se diriger de la calèche vers mademoiselle de Verneuil. Il s'élança sur le chouan avec une telle intrépidité que ce dernier eut à peine le temps d'adresser au marquis deux ou trois mots inintelligibles qui semblèrent plutôt un cri sauvage que des paroles. Il sauta comme un oiseau dans un bouquet de bois et disparut.

Quelques minutes après, le feu des chouans se ralentit. Gérard, les voyant gravir les haies et se sauver en très-petit nombre, ne jugea pas à propos de s'engager dans une lutte inutile qui pouvait devenir dangereuse. Il ramena son monde sans avoir essuyé de perte, et l'escorte, reprenant sa position sur le chemin, se remit en marche.

Le capitaine Merle put offrir la main à mademoiselle de Verneuil pour aller remonter en voiture; le marquis n'y mit aucun obstacle, et la jeune fille étonnée fut contrainte d'accepter. Elle tourna la tête vers son amant, elle le vit immobile. Elle resta stupéfaite du changement subit que les mystérieuses paroles du chouan venaient d'opérer : le jeune émigré marcha lentement, le visage baissé, et son attitude décelait un profond sentiment d'horreur. Elle monta en voiture sans l'abandonner des yeux, mais elle n'en obtint pas la plus légère marque d'attention. Il reprit sa place comme un homme qui rêve.

La calèche recommença à rouler sourdement sur le sable de la route. Au premier regard que mademoiselle de Verneuil jeta autour d'elle, elle vit que tout avait changé : la mort se glissait dans la vie : ce n'étaient que des nuances peut-être, mais de ces nuances dont les terribles mystères sont lucides aux yeux de toute femme qui aime.

Francine, ayant compris par le regard de Marche-à-terre que le destin de mademoiselle de Verneuil sur laquelle elle lui avait ordonné de veiller était en d'autres mains que les siennes, offrait un visage tremblant et pâle; elle roulait des larmes péniblement réprimées en regardant sa maîtresse.

La dame inconnue contemplait mademoiselle de Verneuil d'un air de triomphe qui avait quelque chose de sinistre. Son visage délicat et perfide cachait mal sous le sourire la malice féminine de la vengeance. Ses yeux perçans dévoraient; le feu d'une joie ironique brillait sur cette figure jalouse. Parfois elle riait, comme des enfans qui voient un maître sévère punir un camarade dont ils ont partagé la faute sans l'expier, et alors son regard décelait des jouissances anticipées. La lune, jetant sa pâle clarté sur cette tête où la beauté se déshonorait par la finesse satanique du serpent, l'enveloppait d'une couleur blafarde qui la rendait terrible.

Mademoiselle de Verneuil frissonna par instinct en se demandant : — Pourquoi frissonné-je ?.. C'est sa mère ! —Mais elle trembla dans ses membres quand cette furie calme, lançant un regard d'intelligence à son prétendu fils, lui montra des yeux mademoiselle de Verneuil comme pour l'inviter ironiquement à poursuivre les élans d'un amour éteint ; et alors la jeune fille se dit : — Est-ce sa mère ?... Elle vit un abîme. Un regard acheva de l'éclairer.

Quant à l'étranger, il pâlissait et rougissait tour à tour. Gardant une attitude dont la contraction de ses traits démontrait le calme, il voilait souvent ses yeux pour dérober les étranges émotions qui l'agitaient. La gracieuse courbure de ses lèvres se détruisait par une compression violente; parfois son teint jaunissait sous les efforts d'une pensée orageuse ; et mademoiselle de Verneuil ne pouvait même plus deviner s'il y avait encore de l'amour dans sa fureur. Le silence régna. Le chemin était flanqué de bois qui amenèrent l'obscurité, et les muets acteurs de ce drame cessèrent de s'interroger des yeux. Le murmure du vent, le bruissement des touffes d'arbres, le bruit des pas mesurés de l'escorte, donnèrent à cette scène ce caractère solennel qui accélère le battement des cœurs. Mademoiselle de Verneuil chercha vainement la cause de ce changement; mais le souvenir de Corentin passant comme un éclair, elle trembla, par un frisson de fièvre, de sa propre destinée.

Incapable de supporter long-temps cette angoisse, elle chercha, elle attendit, avec la douce patience de l'amour, un des regards du marquis. Alors elle l'interrogea, le supplia peut-être si puissamment, ses yeux humides brillèrent de tant d'amour, sa pâleur et son frisson eurent une éloquence si pénétrante, que le jeune homme chancela : le naufrage n'en fut que plus complet.

— Souffririez-vous, Mademoiselle?... demanda-t-il.

Cette voix dépouillée de douceur, la demande elle-même, le regard, le geste, tout servit à convaincre la jeune fille que les événemens de cette journée appartenaient à un mirage de l'ame qui se dissipait alors comme ces nuages à demi-formés, dont le réseau trop clair laisse voir l'azur des cieux et qu'un gros nuage noir vient dévorer.

— Si je souffre?... reprit-elle en riant forcément. — J'allais vous faire la même question.

— A quel jeu jouez-vous donc? demanda madame du Gua avec une indicible impertinence.

Ni le marquis ni mademoiselle de Verneuil ne répondirent. La jeune fille, doublement outragée, se dépita de voir sa puissante beauté sans puissance. Elle ignorait le secret de cette situation, mais elle avait le pressentiment de pouvoir l'apprendre en un moment; et peu curieuse de le pénétrer, pour la première fois, peut-être, une jeune fille recula devant un mystère.

La vie humaine est tristement féconde en situations où, par suite d'une méditation trop forte ou d'une catastrophe, nos idées ne tiennent plus à rien, sont sans substance, sans point de départ, où le présent ne trouve pas plus de liens dans le passé qu'il ne se rattache à un avenir : tel fut l'état de mademoiselle de Verneuil. Penchée dans le fond de la voiture, elle y resta comme un arbuste déraciné. Elle ne regarda plus personne. Muette et souffrante, elle s'enveloppa de sa douleur et demeura avec tant de volonté dans le monde inconnu où se réfugient les malheureux, qu'elle ne vit plus les circonstances de la vie extérieure. Des corbeaux ne tardèrent pas à passer en croassant au-dessus d'eux; et elle qui, semblable à toutes les ames fortes, avait un coin dans le cœur pour les superstitions, n'y fit aucune attention. Les voyageurs cheminèrent quelque temps au sein d'un profond silence.

CHAPITRE XII.

— Déja séparés!.. se disait mademoiselle de Verneuil, et cependant rien autour de moi n'a parlé!.. Serait-ce Corentin?.. Ce n'est pas son intérêt. Qui donc a pu se lever pour m'accuser?.. A peine aimée, voici déjà l'horreur de l'abandon. J'ai semé l'amour, je recueille le mépris. Il sera donc toujours dans ma destinée de voir le bonheur à travers un voile! Les plaisirs ne m'apparaissent que pour se jouer de moi! Le supplice de Tantale n'est rien, il n'a que faim et soif!

Elle sentit alors dans son cœur des troubles inconnus, et souffrit cruellement, mais en secret. Cependant elle ne s'était pas tellement livrée qu'elle ne pût trouver des ressources contre sa douleur dans la fierté naturelle à une femme jeune et belle. Le secret de son amour, ce secret souvent gardé dans les tortures, ne lui était pas échappé. Alors elle se releva, et honteuse de donner la mesure de son amour par sa silencieuse souffrance, elle secoua la tête par un mouvement de gaieté, montra un visage ou plutôt un masque riant, et forçant un peu sa voix pour en déguiser l'altération.

— Où sommes-nous ?.. demanda-t-elle au capitaine Merle qui se tenait toujours à une certaine distance de la voiture.

— A trois lieues et demie de Fougères, Mademoiselle.

— Nous allons donc y arriver bientôt? lui dit-elle pour l'encourager à lier une conversation où elle se promettait bien de témoigner quelque estime au jeune capitaine.

— Ces lieues-là, reprit Merle tout joyeux, ne sont pas plus larges, mais beaucoup plus longues que d'autres. Lorsque vous serez sur le plateau de la côte que nous gravissons, vous apercevrez alors une vallée semblable à celle que nous allons quitter, et à l'horizon vous verrez le sommet de la Pélerine. Dieu veuille que les chouans ne veuillent pas y prendre leur revanche ! Or vous concevez qu'à monter et descendre on n'avance guère, car de la Pélerine vous découvrirez encore...

A ce mot l'inconnu tressaillit pour la seconde fois, mais si légèrement que mademoiselle de Verneuil était la seule qui pût le remarquer.

— Qu'est-ce donc que cette Pélerine ? demanda vivement la jeune fille en interrompant le capitaine engagé dans sa topographie bretonne.

— C'est, reprit Merle, le sommet d'une montagne qui donne son nom à la vallée du Maine dans laquelle nous allons entrer, et qui sépare cette province de la vallée du Couësnon, à l'extrémité de laquelle est situé Fougères. Nous nous y sommes battus à la fin de vendémiaire avec le Gars et ses brigands. Nous emmenions des conscrits qui, pour ne pas quitter leur pays, ont voulu nous tuer sur la limite; mais Hulot est un rude chrétien qui leur a donné....

— Alors vous avez dû voir le Gars? demanda-t-elle. Quel homme est-ce?..

Ses yeux perçans et malicieux interrogèrent les traits du marquis.

— Oh, mon Dieu! Mademoiselle, répondit Merle toujours interrompu; il ressemble tellement au citoyen du Gua que, s'il ne portait pas l'uniforme de l'Ecole-Polytechnique, je jurerais qu'il est le chouan.

Mademoiselle de Verneuil regarda fixement le froid et immobile jeune homme dont elle était dédaignée, mais rien ne trahissait en lui la crainte. Elle l'instruisit par un sourire amer de la découverte d'un secret si traîtreusement gardé par lui; puis, d'une voix railleuse, enflant ses narines, portant la tête de côté et relevant les coins de ses lèvres avec ironie, elle dit à Merle :

— Ce chef-là, capitaine, donne bien des inquiétudes à Paris. On prétend qu'il a de la hardiesse; mais il s'aventure, m'a-t-on dit, dans certaines entreprises comme un étourneau?

— Nous comptons bien là-dessus, reprit le capitaine, pour solder notre compte avec lui. Si nous le tenons seulement deux heures, nous lui mettrons un peu de plomb dans la tête! — S'il nous rencontrait il en ferait autant de nous, et nous mettrait en deux temps dans ce grand greffe où l'on pourrit avant le jugement dernier.

—Oh! dit le Gars — car les conjectures de mademoiselle de Verneuil étaient justes — nous n'avons rien à craindre! Vos soldats n'iront peut-être pas jusqu'à la Pélerine : ils sont trop fatigués. Si vous y consentez ils pourront se reposer à deux pas d'ici. — Ma mère descend à la Vivetière. En voici le chemin à trois portées de fusil. Ces deux dames pourront y prendre un léger repas. Nous sommes venus d'une seule traite, elles doivent avoir quelque appétit: — et puisque Mademoiselle, dit-il avec une politesse forcée, a eu la générosité de donner à notre voyage autant de sécurité que d'agrément, elle daignera peut-être accepter notre souper... Et, capitaine, les temps ne sont pas si malheureux qu'il ne puisse se trouver encore à la Vivetière une pièce de cidre à défoncer pour vos hommes... Allez, le Gars n'y aura pas tout pris, du moins ma mère le croit.

— Votre mère?.. reprit mademoiselle de Verneuil avec ironie et trop agitée pour répondre à la singulière invitation dont elle était l'objet.

— Mon âge ne vous semble donc plus croyable ce soir, Mademoiselle?.. répondit madame du Gua; mais j'ai eu le malheur d'être mariée fort jeune, car j'ai eu mon fils à quinze ans.

— Ne vous trompez-vous pas, Madame? n'est-ce pas à trente?

L'inconnue pâlit en dévorant le sarcasme par lequel la jeune fille se vengeait de celui qu'elle avait essuyé naguère. Madame du Gua aurait voulu la déchirer, et se trouvait forcée de lui sourire. Essayant alors de reconnaître, même à ses épigrammes, les sentimens dont la jeune fille était animée, elle feignit de ne l'avoir pas comprise et lui dit :

— Jamais les chouans n'ont eu de chef plus cruel que celui-là, s'il faut ajouter foi aux bruits qui courent sur lui.

— Oh! pour cruel... je ne crois pas,

répondit mademoiselle de Verneuil, mais il sait mentir!

— Vous le connaissez?.. demanda froidement le marquis.

— Oui, répliqua-t-elle en lui lançant un regard de mépris, et avec lui on court souvent risque d'avoir du strass en acceptant ses diamans.

— Oh! Mademoiselle! c'est décidément un *malin*, reprit le capitaine en hochant la tête et donnant par un geste expressif la physionomie particulière que ce mot avait alors et qu'il a perdue depuis. Ces vieilles familles poussent quelquefois de vigoureux rejetons. Il revient d'un exil où les ci-devant n'ont pas, dit-on, toutes leurs aises; et les hommes sont comme les nèfles, ils mûrissent sur la paille. Aussi, ce garçon-là est habile, il pourra nous faire courir long-temps. Il a bien su opposer des compagnies légères à nos compagnies franches et neutraliser les efforts du gouvernement. Si l'on brûle un village, il en brûle deux; il se développe sur une immense étendue, et nous force ainsi à employer un nombre considérable de troupes dans un moment où nous n'en avons pas de trop! Oh! il entend...

— Il assassine sa patrie... dit Gérard d'une voix forte en interrompant.

— Alors, répliqua le marquis, si sa mort délivre le pays, fusillons-le donc bien vite!..

Puis, sondant par un regard l'ame de mademoiselle de Verneuil, il se passa entre eux une de ces scènes muettes dont le langage rend toujours imparfaitement la vivacité dramatique et la fugitive finesse.

Le danger rend intéressant; et, quand il s'agit de mort, le criminel le plus vil excite toujours un peu de pitié; or, quoique mademoiselle de Verneuil eût les plus fortes présomptions de penser que l'amant dont elle était dédaignée fût ce chef dangereux, elle ne voulait pas encore s'en assurer par son supplice, ayant une toute autre curiosité à satisfaire. Elle préféra donc douter ou croire selon sa passion, et se mit à jouer avec le péril.

Son regard empreint d'une perfidie moqueuse montra au marquis les soldats d'un air de triomphe; et, en lui présentant ainsi l'image de son danger, elle lui fit durement sentir que sa vie dépendait d'un seul mot: déjà ses lèvres paraissaient se mouvoir pour le prononcer. Semblable à un sauvage d'Amérique, elle interrogea les fibres du visage de son ennemi lié au poteau, et brandit le *casse-tête* avec grâce, en savourant une vengeance innocente et punissant comme une maîtresse qui aimerait encore.

— Si j'avais un fils comme le vôtre, Madame, dit-elle à l'étrangère épouvantée, je porterais son deuil le jour où je l'aurais livré aux dangers!..

Elle ne reçut point de réponse. Alors elle tourna vingt fois la tête vers les officiers, et la retourna brusquement vers madame du Gua sans pouvoir surprendre entre elle et le marquis des signes secrets qui confirmassent leur intimité. Elle la soupçonnait et n'osait y croire. Une femme aime tant à hésiter dans une lutte de vie et de mort, quand elle tient l'arrêt!

Souriant de l'air le plus calme, le jeune général soutint sans trembler la torture que mademoiselle de Verneuil lui faisait subir. Son attitude et l'expression de sa physionomie annonçaient un homme nonchalant des dangers auxquels il s'était soumis, et parfois il semblait dire : —Voici l'occasion de venger votre vanité blessée!

Saisissez-la ! — je serais au désespoir de revenir de mon mépris pour vous !

Mademoiselle de Verneuil se mit à l'examiner de toute la hauteur de sa position avec une impertinence et une dignité apparentes, car au fond de son cœur elle admirait son courage et sa tranquillité. Elle était joyeuse, à son propre insu, de découvrir en lui une antique noblesse et un titre dont presque toutes les femmes aiment l'aristocratie. Elle éprouvait quelque plaisir à le rencontrer dans une situation où, champion d'une cause ennoblie par le malheur, il luttait avec toutes les facultés d'une ame forte contre une république tant de fois victorieuse, et de le voir, aux prises avec le danger, déployer cette bravoure si puissante sur le cœur des femmes. Elle le mit à l'épreuve vingt fois, comme le Turc qui essaie le sabre qui doit le défendre dans le péril ; et elle obéissait peut-être aussi à cet instinct qui porte la femme à jouer avec son amant comme le chat joue avec la souris qu'il a prise.

—En vertu de quelles lois condamnez-vous donc les chouans à mort? demanda-t-elle à Merle.

— Celle du 14 fructidor dernier qui met hors la loi les départemens insurgés et institue les conseils de guerre! répondit Gérard.

—Comme vous me considérez attentivement! dit-elle au marquis.

— Moi vous considérer, Mademoiselle!... — oh! non...

Elle le regarda fixement sans rougir et lui fit baisser les yeux. Elle était ravie d'être insultée dans ce moment, et d'une voix suave :

— Vous plantez des chardons et récoltez des roses!... lui répondit-elle en souriant avec malice.

Le marquis resta stupéfait. Il contempla un moment cette inexplicable fille dont l'amour triomphait même des plus piquantes injures et qui vengeait par le pardon ce qu'une femme ne pardonne jamais. Ses yeux furent moins sévères et moins froids. Une expression de regret et de mélancolie se glissa dans ses traits comme ces vestiges de flamme qui semblent se poursuivre dans les noirs débris d'un papier brûlé.

Mademoiselle de Verneuil, satisfaite de ce faible gage d'une réconciliation cherchée, le regarda tendrement, lui jeta un sourire qui ressemblait à un baiser; puis, se penchant au fond de la voiture, elle ne voulut plus risquer sa riche cargaison de bonheur, croyant avoir renoué par ce sourire la guirlande brisée.

Bientôt, par l'ordre du marquis, la voiture quitta la grande route et se dirigea vers l'habitation maternelle à travers un chemin creux encaissé de hauts talus plantés de pommiers qui en faisaient plutôt un fossé qu'une route. Les voyageurs laissèrent les soldats gagner lentement à leur suite le manoir dont on apercevait à peine les tours grisâtres du fond de cette route dont la boue argileuse arracha plus d'un juron à l'escorte.

—Cela ressemble furieusement au chemin du paradis ! s'écria Beau-pied.

Grâce à l'expérience du postillon, mademoiselle de Verneuil ne tarda pas à voir le château de la Vivetière. Cette habitation, située sur la croupe d'une espèce de promontoire, était défendue à l'entrée par deux étangs profonds qui enveloppaient cette langue de terre et ne permettaient d'y arriver que par une étroite chaussée. Elle séparait les deux petits lacs. La partie de cette péninsule qui tenait à la terre et où se trouvaient les jardins était protégée à une certaine distance par un large fossé appuyé de murs épais qui, la plupart du temps, recevait l'eau superflue des étangs avec lesquels il communiquait.

En entendant crier les gonds rouillés de la porte et en passant sous la voûte en ogive d'un portail ruiné par la guerre précédente, mademoiselle de Verneuil avança la tête. Le tableau qui s'offrit à ses regards vainquit, par ses couleurs sinistres, les pensées d'amour et de coquetterie dont elle se berçait.

La voiture était entrée dans une grande cour carrée que les rives abruptes des étangs fermaient de deux côtés : ces rives sauvages, baignées par des eaux couvertes d'herbes verdâtres, avaient pour tout ornement des arbres aquatiques dépouillés de feuilles. Leurs troncs rabougris, leurs têtes énormes et chenues, sortant des roseaux et des broussailles, ressemblaient à des nains hideux, à des marmousets grotesques dont la réunion avait, à cette heure de la nuit, l'aspect effrayant d'une scène de sorcellerie. Ces haies disgracieuses eurent comme une voix digne d'elles quand les grenouilles sautèrent dans l'eau en criant et que des poules d'eau, réveillées par le bruit de la voiture, volèrent en barbottant sur la surface des étangs.

La cour encombrée d'herbes hautes et flétries, d'ajoncs, d'arbustes nains et parasites, excluait toute idée d'ordre, de splendeur. Le château semblait abandonné depuis long-temps. Les toits paraissaient plier sous la mousse qui les couvrait. Les murs, quoique construits de ces pierres schisteuses dont le sol abonde, offraient de nombreuses lézardes garnies de lierre. Une tour à laquelle aboutissaient deux corps de bâtimens en équerre et dont chacun faisait face à une des berges des étangs, formait tout ce château dont les volets et les portes pendans et pourris, les balustrades rouillées, les fenêtres ruinées, paraissaient devoir tomber au premier souffle du vent. Il sifflait alors à travers ces vieilles ruines auxquelles la lune donnait, par sa lumière indécise, le caractère et la physionomie d'un spectre.

Il faut avoir vu les couleurs de ces pierres granitiques grises et bleues, mariées aux schistes noirs et fauves, pour comprendre l'image que suggérait la vue de cette carcasse vide et sombre. Ses pierres disjointes, ses croisées sans vitres, sa tour à créneaux, ses toits à jour lui donnaient tout-à-fait l'air d'un squelette. Les oiseaux de proie qui s'envolèrent en criant ajoutèrent un trait de plus à cette vague ressemblance.

Quelques hauts sapins élevant des bords de l'étang, par-dessus les toits, leur feuillage sombre, les mélèses noirs des jardins et les ifs taillés qui décoraient les angles de la maison, l'encadraient de tristes festons semblables aux tentures d'un convoi. La forme des portes, la grossièreté des ornemens, le peu d'ensemble des constructions, tout annonçait un de ces manoirs féodaux dont la Bretagne est encore semée, et qui forment, sur notre sol, comme une histoire monumentale des temps nébuleux qui ont précédé l'établissement de la monarchie absolue.

Mademoiselle de Verneuil, dans l'imagination de laquelle le mot de château réveillait toujours les formes d'un type convenu, resta frappée de la physionomie funèbre dont ce tableau était redevable à la nuit ou aux misères de l'automne. Sautant légèrement hors de la calèche, elle le contempla toute seule avec terreur en songeant au parti qu'elle devait prendre. Francine entendit alors madame du Gua pousser un soupir de joie en se trouvant hors de l'atteinte des bleus. Une exclamation involontaire lui échappa quand le portail se ferma et qu'elle se vit dans cette espèce de forteresse naturelle.

Le marquis s'était vivement élancé vers mademoiselle de Verneuil; et, en la voyant, il devina les pensées qui la préoccupaient.

— Ce château, dit-il avec mélancolie, a été ruiné par la guerre, comme les projets que j'élevais pour notre bonheur l'ont été par vous.

— Et comment? demanda-t-elle toute surprise.

— Etes-vous mademoiselle de Verneuil ?... reprit-il d'une voix sourde et altérée.

— Qui vous a dit le contraire ?

— Des amis dignes de foi qui s'intéressent à ma sûreté et veillent à déjouer les trahisons dont je pourrais être victime.

— Des trahisons ?... dit-elle d'un air moqueur, vous n'avez pas de mémoire !.. C'est dangereux chez un chef de parti ! —Mais du moment où des amis, ajouta-t-elle avec une rare impertinence, règnent si puissamment dans votre cœur, gardez vos amis !...— Rien n'est comparable aux plaisirs de l'amitié !

Elle s'éloigna vivement par un mouvement de fierté blessée et de dédain, mais elle déploya dans sa démarche et son attitude une noblesse, un désespoir qui attirèrent, comme par magie, le jeune chef auprès d'elle.

— Ajoutez un mot et je vous crois.... dit-il d'une voix suppliante.

— Un mot!... reprit-elle avec ironie et serrant ses deux lèvres de manière à leur ôter la forme d'une cerise que l'orage a fendue; un mot? — pas seulement un geste.

— Au moins grondez-moi, demanda-t-il en essayant de prendre sa main qu'elle retira; si toutefois vous osez bouder un chef de rebelles, maintenant aussi défiant et sombre qu'il était joyeux et confiant naguère.

Elle le regarda sans colère, et alors il ajouta :

— Vous avez mon secret, je n'ai pas le vôtre.

A cette demande, son front d'albâtre

sembla se brunir, elle lui jeta un regard d'homme et répondit :

— Mon secret ? — jamais.

En amour, chaque parole, chaque coup-d'œil ont leurs mystères du moment; mais là mademoiselle de Verneuil ne livra rien. Tout habile que fût M. de Montauran, le secret de cette exclamation resta impénétrable, quoique le son de la voix de mademoiselle de Verneuil eût trahi des émotions peu ordinaires.

— Vous avez, reprit-il, une plaisante manière de dissiper les soupçons.

— En couservez-vous donc ?... demanda-t-elle en le toisant des yeux comme si elle lui eût dit : — Avez-vous déjà des droits sur moi ?...

— Mademoiselle, répondit le jeune homme d'un air soumis et ferme, le pouvoir que vous exercez sur les troupes républicaines, cette escorte....

— Ah ! vous m'y faites penser ! — Mon escorte et moi, lui demanda-t-elle avec une légère ironie, vos protecteurs enfin seront-ils en sûreté ici !...

— Oui, foi de gentilhomme ! mademoiselle de Verneuil et les siens n'ont rien à craindre chez moi.

La manière ambiguë dont ce serment était prononcé déplut à la jeune fille par le doute qu'il exprimait encore sur l'identité de sa personne ; elle ouvrait la bouche pour le quereller et décider de leur sort commun avant de le suivre au château, quand l'arrivée de madame du Gua lui imposa silence.

Cette dernière avait pu entendre ou deviner une partie de cette conversation. En ce moment elle ne concevait pas de médiocres inquiétudes à l'aspect des deux amans dont l'attitude n'accusait guère d'inimitié. En la voyant, le marquis offrit la main à mademoiselle de Verneuil et s'avança vers la maison avec vivacité comme pour se défaire d'une importune compagnie.

— Je vous gêne!... se dit l'inconnue en restant immobile à sa place. Elle les regarda aller lentement vers le perron où ils s'arrêtèrent pour causer aussitôt qu'ils eurent mis entre eux et elle un certain espace.

— Oui, oui, je les gêne ! reprit-elle en se parlant à elle-même, mais dans peu cette créature-là ne me gênera plus! — l'étang sera son tombeau ! — Ne tiendrai-je pas bien ta parole de gentilhomme —une fois sous cette eau-là, qu'a-t - on à craindre?

Elle regardait d'un œil fixe le miroir calme du petit lac de droite, quand tout-à-coup elle entendit bruire les ronces de la berge et aperçut au clair de la lune la figure de Marche-à-terre se dresser par-dessus l'écorce informe d'un vieux saule. Il fallait le connaître pour le distinguer au milieu de cette assemblée de têtes noueuses parmi lesquelles la sienne se confondait si facilement.

Madame du Gua jeta autour d'elle un regard de défiance : elle vit le postillon conduire ses chevaux à une écurie située dans celle des deux ailes du château qui faisait face à la rive où Marche-à-terre était caché ; et Francine aller vers les deux amans qui en ce moment oubliaient toute la terre; alors l'inconnue s'avança en mettant un doigt sur ses lèvres pour indiquer le silence, et le chouan comprit plutôt qu'il n'entendit ces paroles :

— Combien êtes-vous ?

— Quatre-vingt-sept.

— Ils ne sont que soixante-deux, je les ai comptés.

— Bien ! reprit le sauvage avec une satisfaction farouche.

Attentif aux moindres gestes de Francine, il disparut dans l'écorce du saule en la voyant se retourner pour chercher des yeux l'ennemie sur laquelle elle veillait par instinct.

CHAPITRE XIII.

ATTIRÉES par le bruit de la voiture, sept ou huit personnes apparurent sur le perron et s'écrièrent :

— C'est le Gars ! c'est lui, le voici !

A ces exclamations, d'autres hommes

accoururent. Leur présence interrompit la douce conversation des deux amans. Le marquis de Montauran, s'avançant précipitamment vers les gentilshommes, leur fit un signe de main pour leur imposer silence, et leur montra le haut de l'avenue de pommiers par laquelle débouchaient les soldats républicains.

A l'aspect de ces uniformes bleus et rouges si connus d'eux et de ces baïonnettes luisantes, les conspirateurs effrayés s'écrièrent :

— Seriez-vous donc venu pour nous trahir?

— Je ne vous avertirais pas du danger, répondit le marquis en souriant avec amertume. — Ces bleus, reprit-il, sont l'escorte de cette jeune dame à la générosité de qui vous nous devez ce soir. Nous avons été arrêtés à Alençon, et elle nous a miraculeusement délivrés.

Nous vous conterons cette aventure-là.

Madame du Gua et Francine étant arrivées jusqu'au perron, le marquis présenta galamment la main à mademoiselle de Verneuil; le groupe de gentilshommes se partagea en deux haies pour les laisser passer; tous essayèrent d'apercevoir les traits de l'inconnue, et quelques signes que leur fit secrètement madame du Gua rendirent leur curiosité plus vive.

Mademoiselle de Verneuil vit dans la première salle où elle entra une grande table parfaitement servie, qui paraissait préparée pour une vingtaine de convives. Cette salle communiquait à un vaste salon où l'assemblée se trouva bientôt réunie. Ces deux pièces étaient en harmonie avec le spectacle de destruction offert par les dehors du château. Les boiseries de noyer poli, mais de formes rudes et grossières, saillantes et mal exécutées, étaient disjointes et semblaient près de tomber. Leur couleur sombre ajoutait encore à la tristesse de ces salles sans glaces et sans rideaux où quelques meubles séculaires se présentaient çà et là comme les débris d'un champ de bataille. Mademoiselle de Verneuil aperçut sur une table des cartes, des plans, et, dans les angles de l'appartement, des armes et des carabines amoncelées. Tout indiquait une conférence importante entre les chefs des Vendéens et ceux des chouans.

Le marquis conduisit mademoiselle de Verneuil à un immense fauteuil vermoulu qui se trouvait auprès de la cheminée. Elle s'y assit, et Francine se plaça derrière sa maîtresse en s'appuyant sur le dossier sculpté du meuble antique.

— Vous me permettrez bien de faire un moment la maîtresse de maison? dit le marquis en quittant les deux étrangères; et il alla vers les groupes formés par ses hôtes.

Francine les vit tous, sur quelques mots de M. de Montauran, s'empresser de cacher leurs armes, les cartes et tout ce qui pouvait faire soupçonner leurs desseins. Quelques-uns quittèrent de larges ceintures de peau contenant des pistolets et de longs couteaux de chasse. Le marquis leur recommanda la discrétion, et sortit en s'excusant sur la nécessité de pourvoir à la réception des hôtes incommodes que le hasard lui donnait.

Mademoiselle de Verneuil avait levé ses petits pieds vers le feu et ne semblait occupée que du soin de les réchauffer. Elle laissa partir M. de Montauran sans retourner vers lui son visage attendu par tous les yeux; et Francine seule put être témoin du changement produit dans l'assemblée par le départ du jeune chef. Tous les gentilshommes se groupèrent autour de la dame inconnue ; et, pendant la sourde conversation qu'elle tint avec eux, il n'y en eut pas un qui ne tournât la tête à plusieurs reprises vers les deux étrangères.

Cette dame, dans laquelle on a pu reconnaître l'héroïne qui décida l'attaque de la turgotine, conservera désormais dans cette histoire le nom de du Gua, pris par elle pour échapper aux dangers de son passage par Alençon. La publication de son nom ne pourrait qu'offenser une famille trop noble pour n'être pas encore profondément affligée des écarts de cette jeune dame dont l'histoire contemporaine ignore encore la destinée actuelle.

Bientôt l'attitude de curiosité de toute l'assemblée devint impertinente et hostile.

Quelques exclamations parvinrent à l'oreille de Francine, elle dit un mot à mademoiselle de Verneuil; et, ne se sentant pas de caractère à supporter l'orage excité par madame du Gua, elle se réfugia dans l'embrasure d'une croisée.

Sa maîtresse se leva, se tourna vers le groupe insolent, y jeta quelques regards pleins de dignité, de mépris même; et, à l'aspect de ses formes délicates, de sa rare beauté, un murmure flatteur s'échappa involontairement de cette assemblée. Deux ou trois hommes, dont l'extérieur trahissait les habitudes de politesse et de galanterie acquises dans la sphère élevée des cours, s'approchèrent d'elle avec bonne grâce. Elle leur imposa par la fierté de ses regards, et le silence régna un moment. Alors, loin d'être accusée par eux, elle sembla les juger.

Les portraits de fantaisie que son imagination s'était complu à tracer des chefs de cette guerre entreprise pour Dieu et le Roi ressemblaient bien peu aux originaux qu'elle contemplait. Pour elle tout se rétrécit et prit des proportions mesquines, quand elle vit, sauf deux ou trois figures vigoureuses, les visages de ces gentilshommes de province, dénués d'expression et de vie. Ces physionomies annonçaient plutôt des intrigans que des guerriers. La plupart avaient des manières communes. Si quelques têtes originales se montraient, elles étaient rapetissées par les formules et l'étiquette de l'aristocratie. Si elle leur accorda de la finesse, de l'esprit, elle trouva une absence complète de ce grandiose, de cette simplicité auxquels les triomphes et les hommes de la république l'avaient habituée.

Cette assemblée nocturne, au milieu de ce vieux castel en ruines et sous ces ornemens contournés assez bien assortis aux figures, la fit sourire : elle croyait voir un tableau symbolique de la monarchie.

Elle pensa bientôt avec délices qu'au moins le marquis jouait le premier rôle parmi ces esprits dont le seul mérite était de se dévouer à une cause perdue. Elle le dessina sur cette masse, se plut à le voir écrasant ces figures maigres et grêles, ne se servant de ces intelligences que comme d'instrumens à ses desseins. A ce moment, les pas du marquis retentirent dans la salle voisine : tout-à-coup ses hôtes se séparèrent en plusieurs groupes, et les chuchotemens cessèrent. Semblables à des écoliers qui ont complotté en l'absence de leur maître, ils s'empressèrent d'affecter l'ordre et le silence.

Le marquis entra, et mademoiselle de Verneuil eut le bonheur de l'admirer au milieu de tous; il était le plus jeune, le plus beau, le premier d'entre eux. Comme un roi dans sa cour, il alla de groupe en groupe, distribua de légers coups de tête, des serremens de main, des regards, des paroles d'intelligence ou de reproche, faisant son métier de chef de parti avec une grâce et un aplomb difficiles à supposer à un front encore printanier. Ses paroles mirent un terme à la curiosité dont mademoiselle de Verneuil était devenue l'objet. Lorsqu'il eut établi une espèce d'harmonie dans le salon et satisfait à toutes les exigences, il se rapprocha d'elle avec empressement et lui dit à voix basse :

— Ces gens-là m'ont volé un moment de bonheur.

— Oh! que je suis contente de vous avoir là, répondit-elle en riant. — Je vous préviens que je suis curieuse : ainsi dites-moi quel est ce jeune homme assez bien mis qui porte une veste de drap vert?

— C'est le chevalier de Renty, un cadet de famille. Il a de grandes passions et de petits revenus. La révolution l'a surpris criblé de dettes.

— Dévouement forcé! reprit mademoiselle de Verneuil. — Mais quel est le gros ecclésiastique à face rubiconde avec lequel il cause?

— Oh! dit le marquis en baissant la voix, un homme redoutable! — C'est l'abbé Gudin, un de ces jésuites qui se sont dévoués à rester en France, malgré l'édit de 1763, qui les a bannis. Pourvu d'une riche abbaye, il a été, quand la révolution la lui a ôtée, le boute-feu de la guerre dans ces contrées. Il est le propagateur de l'association religieuse dite du Sacré-Cœur. Habitué à se servir de la religion comme d'un instrument, il persuade à ses affiliés qu'ils ressusciteront et entretient le fanatisme des paysans par d'adroites prédications.

— Et ce vieillard encore vert, musculeux, dont la figure est si repoussante? — Tenez, là, il est habillé avec les lambeaux d'une robe d'avocat.

— Avocat? — il prétend au grade de maréchal-de-camp. N'avez-vous pas entendu parler de Longuy?

— Ce serait lui? dit mademoiselle de Verneuil effrayée, vous vous servez de lui!....

— Chut!... il peut vous entendre. — Voyez-vous cet autre qui parle à madame du Gua....

— Qui? Cet homme en veste déchirée qui appuie tous les doigts de sa main droite sur le panneau comme un pacant?... dit mademoiselle de Verneuil en riant.

— Vous l'avez deviné ! — c'est un ancien contrebandier.

— Et son voisin, celui qui serre sa pipe de terre blanche ?

— C'est l'ancien garde-chasse du défunt mari de cette dame. Il commande une des compagnies que j'oppose aux bataillons mobiles. — C'est peut-être le plus consciencieux serviteur que le Roi ait ici.

— Mais *elle*, qui est-elle ?

— Elle, reprit le marquis. — C'est la dernière maîtresse qu'ait eue Charrette. Elle possède une grande influence sur tout ce monde-là.

— Lui est-elle restée fidèle?

Là, le marquis fit une petite moue dubitative.

— Et cet officier à moustaches?

— Permettez-moi de ne pas le nommer. Il veut se défaire du premier consul par l'assassinat : s'il persiste, il deviendra célèbre.

— Et vous êtes venu commander à de pareilles gens ! dit-elle avec horreur. — Voilà les défenseurs du roi ! Où sont donc les gentilshommes et les seigneurs ?

— Mais, dit le marquis avec fierté, ils sont répandus dans toutes les cours de l'Europe, et ce sont eux qui enrôlent les Rois, leurs cabinets, leurs armées au service de la maison de Bourbon et les lancent sur cette république qui menace de mort toutes les monarchies, et l'ordre social d'une destruction complète.

— Ah ! répondit-elle avec une généreuse émotion ; soyez désormais la source pure où je puiserai les idées que je dois encore acquérir ! — J'y consens. Mais laissez-moi penser que vous êtes le seul noble qui fasse son devoir en attaquant la France avec des Français et non à l'aide de l'étranger!...... Je suis femme, et je sens que si mon enfant me frappait dans sa colère, je lui pardonnerais, — mais s'il me voyait de sang-froid déchirée par un inconnu.... — ce serait un monstre.

— Petite républicaine!... dit le marquis en proie à une délicieuse ivresse.

— Républicaine?... Non, je ne le suis plus. Je ne vous estimerais pas, si vous vous soumettiez au premier consul! reprit-elle. Mais je ne voudrais pas vous voir à la tête de gens qui pillent un coin de la France, au lieu de combattre la république. — Pour qui vous battez-vous?.. Qu'attendez-vous d'un Roi rétabli sur son trône par vos mains? — Une femme a déjà entrepris ce beau chef-d'œuvre. — Le Roi libéré l'a laissé brûler vive. — Ces hommes-là sont les oints du Seigneur; il y a du danger à toucher aux choses consacrées. Laissez Dieu seul les placer, les déplacer, les replacer sur leurs tabourets de pourpre.

— Vous êtes ravissante! belle prêcheuse!...

— Ah! si vous vouliez me laisser vous convertir, nous irions à mille lieues d'ici.

— Tous ces instrumens que vous accusez périront dans la lutte, répliqua le marquis d'un ton plus grave; ils seront oubliés; et, si mes efforts sont couronnés de quelques succès, les lauriers du triomphe cacheront tout.

— Il n'y a que vous ici à qui je voie risquer quelque chose.

— Je ne suis pas le seul! reprit-il avec une modestie vraie. — Voici là-bas deux nouveaux chefs de la Vendée? — Celui-ci est le marquis de P....., l'agent de l'Angleterre, je le crois de bonne foi.

— Et oubliez-vous Quiberon? Ah! vous

me faites frémir! — Oh! Monsieur, reprit-elle d'un ton qui semblait annoncer une réticence dont le mystère lui était personnel, il suffit d'une minute pour détruire une illusion et dévoiler des secrets d'où dépendent la vie et le bonheur, je voudrais nous voir hors d'ici! — et les soldats de la république en sûreté.

— Je serai prudent, dit-il en souriant pour déguiser son émotion.

— Et après tout, de quel droit voudrais-je vous conduire? répondit-elle. Entre nous soyez toujours le maître. Je serais au désespoir de régner sur un esclave.

— Monsieur le marquis, dit respectueusement le garde-chasse en interrompant cette conversation, les bleus resteront-ils donc long-temps ici?

— Ils partiront aussitôt qu'ils se seront

reposés!... s'écria mademoiselle de Verneuil.

Le marquis, lançant un regard scrutateur sur l'assemblée, y remarqua de l'agitation; et, se disposant à quitter mademoiselle de Verneuil, il laissa madame du Gua venir le remplacer. Elle apportait un masque riant et perfide que le sourire amer du jeune chef ne déconcerta pas.

A ce moment Francine jeta un petit cri étouffé que mademoiselle de Verneuil entendit. Elle vit sa fidèle campagnarde s'élancer vers la salle à manger et disparaître. Etonnée, elle regarda madame du Gua, et sa surprise augmenta à l'aspect de la pâleur répandue sur le visage de son ennemie. Curieuse de pénétrer le secret de la retraite de Francine, elle s'avança vers l'embrasure de la fenêtre où sa rivale la suivit afin de détruire les soupçons qu'une imprudence pouvait avoir éveillés. Mais madame du Gua sourit avec une indéfinissable malice, quand, après avoir toutes deux jeté un regard sur le paysage du lac, elles revinrent ensemble à la cheminée, mademoiselle de Verneuil sans avoir rien aperçu qui justifiât la fuite de Francine, madame du Gua, satisfaite d'être obéie.

Le lac, au bord duquel Marche-à-terre avait comparu dans la cour à l'évocation mentale de cette femme, allait rejoindre le fossé d'enceinte qui protégeait les jardins, en décrivant de vaporeuses sinuosités, tantôt larges comme des étangs, tantôt resserrées comme les rivières artificielles d'un parc. Le rivage rapide et incliné de ces eaux brillantes passait à vingt toises environ de la croisée. Craintive et rêveuse, Francine s'était plu à contempler sur la surface des eaux les lignes de noirs dessins projetées par les têtes fantastiques des mélèzes et des vieux saules. Elle admirait naïvement l'uniformité de courbure qu'une brise légère imprimait aux jeux de leurs branchages; et les ondulations de ces arbres dont la base restait fixe la charmaient.

Elle crut apercevoir une de leurs figures capricieuses remuer sur le miroir des eaux par quelques-uns de ces mouvemens irréguliers et spontanés dont la succession rapide ou variée trahit l'intelligence de la vie des animaux. Cette figure, toute vague qu'elle fût, semblait appartenir à un homme. Elle attribua d'abord sa vision à ces imparfaites configurations produites par la lumière incertaine de la lune mêlée aux feuillages bruns des sapins, mais bientôt une autre tête passa et d'autres têtes se montrèrent dans le lointain. Les petits arbustes de la berge se courbaient pour se relever avec violence, et Francine vit cette longue haie remuer insensiblement comme une tortue. Cette rive tourmentée ressemblait par sa sourde et lente commotion à un de ces grands serpens indiens aux formes fabuleuses : çà et là, à travers les genêts et les hautes épines, des points lumineux, comme ceux des cuirasses diaprées de ces reptiles, inquiétèrent les yeux de la campagnarde défiante.

L'horreur la rendit muette ; elle avança la tête et crut reconnaître la première des figures noires qui marchaient au sein de ce mouvant rivage. Telles indistinctes que fussent les formes, le battement de son cœur lui persuada que c'était Marche-à-terre. Un geste l'éclaira. Impatiente de savoir si cette marche mystérieuse ne cachait pas quelque perfidie, elle venait de s'élancer vers la cour.

Arrivée au milieu de ce plateau de verdure, elle regarda tour à tour les deux corps de logis et les deux berges sans découvrir dans celle qui faisait face à l'aile inhabitée aucune trace de l'émotion intestine dont elle était effrayée. Elle prêta une oreille attentive : bientôt un léger bruissement plus fort que les battemens précipités de son cœur se fit entendre ; il était semblable à celui que produisent les pas d'une bête fauve dans le silence nocturne des forêts. Elle tressaillit, mais ne trembla pas. Quoique jeune et innocente encore, la curiosité lui souffla bien vite une ruse. Elle aperçut la calèche et courut s'y blottir, ne levant sa petite tête qu'avec la précaution du lièvre aux oreilles duquel résonne le bruit d'une chasse lointaine. Elle vit Pillemiche sortir de l'écurie ; il était accompagné de deux paysans ; tous trois portaient des bottes de paille qu'ils étalèrent de manière à former une longue et vaste litière, devant le corps de bâtiment inhabité parallèle à cette berge dangereuse bordée de ronces et d'arbres nains, où la silencieuse adresse avec laquelle les hommes marchaient sur les bords d'un précipice trahissait les apprêts de quelque stratagême horrible.

— Tu leur donnes de la paille comme s'ils devaient dormir là... Assez, Pille-miche, assez!... dit une voix rauque et sourde que Francine reconnut.

— N'y dormiront-ils pas?... reprit Pille-miche en laissant échapper un gros rire bête. Mais ne crains-tu pas que le Gars ne se fâche?... ajouta-t-il si bas que Francine n'entendit rien.

— Eh ben! il se fâchera!... répondit Marche-à-terre. — Voilà une voiture qu'il faut rentrer à nous deux!

Pille-miche traîna la calèche par le timon, et Marche-à-terre la poussa par une des roues avec une telle prestesse que Francine se trouva dans une grange immense et sur le point d'y rester enfermée avant d'avoir eu le temps de réfléchir à sa situation.

Pille-miche sortit pour aider à amener la pièce de cidre que le marquis avait ordonné de distribuer aux soldats de l'escorte. Marche-à-terre, quittant la roue, passait le long de la calèche pour se retirer et fermer la porte, quand il se sentit arrêté. Une petite main blanche avait saisi les longs crins de la peau de chèvre. Il reconnut des yeux dont la douce flamme exerçait une puissance magnétique sur lui. Il resta un moment comme *charmé*.

Francine sauta vivement hors de la voiture, et lui dit de cette voix agressive qui va merveilleusement à une femme irritée :

— Pierre !... quelles nouvelles as-tu donc apportées sur le chemin à cette dame et à son fils? — Que fait-on ici? Pourquoi te caches-tu? — Je veux le savoir.

Ces mots donnèrent au visage du chouan une expression que Francine ne lui connaissait pas. Il amena son innocente maîtresse sur le seuil ; et, la tournant vers la lueur blanchissante de la lune, il lui répondit en la regardant avec des yeux semblables à des prunelles sauvages :

— Oui, par ma damnation! Francine, je te le dirai... Mais quand tu m'auras juré sur ce chapelet — là il tira un vieux chapelet de son sein — sur cette relique que tu connais, de me répondre vérité à une seule demande.

Francine regarda ce chapelet qui, sans doute, était un gage de leur amour, car elle rougit.

— C'est là-dessus, reprit le chouan tout ému, que tu as juré...

Il n'acheva pas, la paysanne appliqua sa main sur les lèvres de son sauvage amant pour lui imposer silence.

— Ai-je donc besoin de jurer ?

Il la prit doucement par la main ; et, la contemplant à son aise un instant :

— La demoiselle que tu sers se nomme-t-elle réellement mademoiselle de Verneuil ?...

Francine demeura les bras pendans, les paupières baissées, la tête inclinée, pâle, interdite.

— C'est une cat... reprit Marche-à-terre d'une voix terrible.

A ce mot la jolie main lui couvrit encore les lèvres ; mais cette fois il se recula violemment. La petite Bretonne ne vit plus d'amant, mais bien une bête féroce dans toute l'horreur de sa nature : les sourcils du chouan étaient violemment serrés, ses lèvres contractées ; et, montrant les dents comme un chien qui défend son maître, il semblait écumer.

— Je t'ai laissée fleur et je te retrouve fumier !... Pourquoi t'ai-je abandonnée ! Vous venez pour nous trahir !... livrer le Gars !... Ces phrases furent plutôt des rugissemens que des paroles.

Francine tremblait comme les feuilles mobiles du bouleau sous l'effort d'une brise ; mais, à ce dernier reproche, elle affronta ce visage sanguinaire, et, levant sur lui des yeux angéliques, elle répondit tranquillement :

— Je gage mon salut que cela est faux !.. ce sont des idées de la dame !

A son tour il baissa la tête. Elle lui prit la main, et, le tournant vers elle par un mouvement mignon, elle lui dit d'une voix caressante :

— Pierre, pourquoi sommes-nous dans tout ça ?... Ecoute, je ne sais pas comment toi tu peux y comprendre quelque chose, car je n'y entends rien ;

mais souviens-toi que cette belle et noble demoiselle est une demoiselle pieuse et ma bienfaitrice — elle est la tienne. Nous sommes comme deux sœurs. Il ne doit jamais lui arriver rien de mal là où nous serons avec elle, de notre vivant du moins. Jure-le-moi donc! Ici je n'ai confiance qu'en toi!

— Je ne commande pas ici! répondit le chouan d'un ton chagrin. — Son visage devint sombre.

Elle lui prit, pour l'égayer, ses grosses oreilles pendantes, et les lui tordit doucement, comme si elle caressait un chat.

— Eh bien! promets-moi, reprit-elle en le voyant moins sévère, d'employer à la sûreté de notre bienfaitrice tout le pouvoir que tu as?...

Il remua la tête comme s'il doutait du succès, et fit frémir la pâle Bretonne.

En ce moment critique, l'escorte était parvenue à la chaussée : les pas des soldats et le bruit de leurs armes qui réveillèrent les échos de la cour, parurent mettre un terme à l'indécision de Marche-à-terre.

— Je la sauverai peut-être, dit-il à sa maîtresse, si tu peux la faire rester dans la maison, et... ajouta-t-il, quoi qu'il puisse arriver, restes-y avec elle et garde le silence le plus profond.

— Je te le promets... répondit-elle dans son effroi.

— Eh bien! rentre — rentre à l'instant et cache ton émotion même à ta maîtresse...

— Oui!

Elle serra la large main du chouan qui la regarda, d'un air paternel, courir avec la légèreté d'un oiseau vers le perron. Alors Marche-à-terre se coula dans sa haie, comme un acteur qui se sauve vers la coulisse au moment où se lève le rideau tragique.

CHAPITRE XIV.

— SAIS-TU, Merle, que cet endroit-ci m'a l'air d'une véritable souricière?

— Je le vois bien! répondit le capitaine soucieux.

Les deux officiers s'empressèrent de

placer des sentinelles pour s'assurer de la chaussée et du portail, puis ils jetèrent des regards de défiance sur les berges et les alentours du paysage.

— Bah! dit Merle, il faut nous livrer à cette baraque-là en toute confiance ou ne pas y entrer.

— Entrons, répondit Gérard.

Les soldats, rendus à la liberté par un mot de leur chef, se hâtèrent de déposer leurs fusils en faisceaux coniques et formèrent un petit front de bandière devant la litière de paille au milieu de laquelle figurait la pièce de cidre. Ils se divisèrent en groupes auxquels deux paysans distribuèrent du beurre et du pain de seigle.

Le marquis vint au-devant de Merle et de Gérard et les emmena au salon.

Quand Gérard eut monté le perron, et qu'il regarda les coins des deux ailes où les vieux mélèzes étendaient leurs branches noires, il appela Beau-pied et La-clef-des-cœurs.

— Vous allez, à vous deux, faire une reconnaissance dans les jardins, entendez-vous, et vous placerez une sentinelle devant votre front de bandière...

— Nous pouvons allumer notre feu avant de nous mettre en chasse, mon lieutenant ? dit La-clef-des-cœurs.

Gérard inclina la tête.

— Tu vois bien, La-clef-des-cœurs, dit Beau-pied; le lieutenant a raison! — si Hulot nous commandait, il ne se serait jamais acculé ici! nous sommes là comme dans une marmite.

— Es-tu bête! répondit La-clef-des-cœurs, comment! toi, le roi des malins, tu ne devines pas que ceci est le château de l'aimable particulière auprès de laquelle siffle notre joyeux Merle, le plus fini des capitaines!... Il l'épousera, cela est clair comme une baïonnette bien fourbie; — ça fera honneur à la demi-brigade, une femme comme ça!...

— C'est vrai, reprit Beau-pied; tu peux encore ajouter que voilà de bon cidre; mais je ne le bois pas avec plaisir devant ces chiennes de haies-là! Il me semble toujours voir dégringoler Larose et Vieux-chapeau dans le fossé de la Pélerine. — Je me souviendrai toute ma vie de la queue de ce pauvre Larose, — elle allait comme un marteau de grande porte!...

— Beau-pied, mon ami, tu as trop d'*émagination* pour un soldat; tu devrais faire des chansons à l'institut national.

— Si j'ai trop d'imagination, lui répliqua Beaupied, tu n'en as guère, toi, et il te faudra du temps pour passer consul!...

Le rire de la troupe mit fin à la discussion, car La-clef-des-cœurs ne trouva rien dans sa giberne pour riposter à son antagoniste.

— Viens-tu faire ta ronde?... Je vais prendre à droite, moi!... lui dit Beau-pied.

— Eh bien! je prendrai la gauche, répondit son camarade; mais avant je veux boire un verre de cidre, mon gosier s'est collé comme le taffetas gommé qui enveloppe le beau chapeau de Hulot.

Le côté gauche des jardins que La-clef-des-cœurs négligeait d'aller explorer était précisément la berge dangereuse observée par Francine.

En entrant dans le salon et en saluant la compagnie, Merle jeta un regard pénétrant sur les hommes qui la composaient. Le soupçon revenant avec plus de force dans son ame, il alla tout-à-coup vers mademoiselle de Verneuil et lui dit à voix basse :

— Je crois qu'il faut vous retirer promptement, nous ne sommes pas en sûreté ici.

Elle se mit à rire.

— Craindriez-vous quelque chose chez moi?... demanda-t-elle.

Merle, tout confus, vint rassurer Gérard.

A ce moment la compagnie passa dans la salle à manger, malgré quelques phrases insignifiantes relatives à un convive assez important qui se faisait attendre.

Mademoiselle de Verneuil put, à la faveur du silence qui règne toujours au commencement d'un repas, donner quelque attention à cette réunion curieuse dans les circonstances présentes et dont elle avait été en quelque sorte la cause. Un fait la surprit soudain : les deux officiers républicains dominaient cette assemblée par le caractère imposant de leur physionomie. Leurs longs cheveux tirés des tempes et sur le front, pour se réunir en une queue énorme derrière le cou, dessinaient sur leurs visages ces triangles qui donnent tant de candeur et de noblesse à de jeunes têtes. Ces uniformes bleus râpés, ces paremens rouges usés, tout, jusqu'à ces épaulettes rejetées en arrière par les marches et qui accusaient, même chez les chefs, le manque de capotes, faisait ressortir ces deux militaires des hommes dont ils étaient entourés.

—Oh! là est la nation, la liberté!... se dit-elle. Elle jeta un regard sur les royalistes: — et là est un homme, un roi, des priviléges.

Elle ne put se refuser à admirer la figure de Merle, tant elle répondait complètement aux idées qu'on peut avoir de ces soldats français, sifflant un air au milieu des balles et n'oubliant pas le lazzi sur un camarade qui tombe mal. Celle de Gérard imposait : grave et plein de sang-froid, il manifestait en tout une de ces ames vraiment républicaines qui se rencontrèrent en foule à cette grande époque et peuplèrent les armées où tant de dévouemens noblement obscurs imprimèrent une énergie inconnue à ces grands rassemblemens patriotiques.

— Voilà encore un de mes hommes à triple existence! se dit mademoiselle de Verneuil; du présent qu'ils dominent, ils ruinent les créations du passé et bâtissent l'avenir...

Cette pensée l'attrista parce qu'elle ne se rapportait pas à son amant; elle se tourna pour se venger de la république qu'elle haïssait déjà par une autre admiration.

En voyant le marquis entouré de ces hommes assez hardis, assez fanatiques, assez calculateurs de l'avenir, pour attaquer une république victorieuse au profit d'une monarchie morte, d'une religion détruite, de princes errans, de priviléges expirés :

— Celui-ci, se dit-elle, partage la triple existence de l'autre : accroupi sur des ruines, il veut faire du passé l'avenir.

Alors son esprit nourri d'images hésitait entre la poésie des ruines et la poésie des printemps. Sa conscience lui criait bien que l'un se battait pour un homme, l'autre pour un pays; mais l'amour lui persuadait que le bonheur du pays dépendait du système défendu par son amant.

En entendant retentir dans le salon les pas d'un homme, le marquis se leva pour aller à sa rencontre. Il reconnut le convive attendu qui, tout étonné, était prêt à parler. Dérobant son geste aux officiers, le Gars lui fit signe de se taire et il prit place au festin.

A mesure que les deux officiers républicains analysèrent les physionomies de leurs hôtes, les soupçons qu'ils conçurent d'abord renaissaient. Le vêtement ecclésiastique de l'abbé Gudin et la bizarrerie des costumes chouans éveillèrent leur prudence. Alors ils redoublèrent d'attention et découvrirent de plaisans contrastes entre les manières des convives et leurs discours: autant leur républicanisme était exagéré, autant les façons de certains d'entre eux étaient aristocratiques. Quelques coups-d'œil surpris entre les initiés et le marquis; des mots à double sens imprudemment prononcés; la ceinture de barbe dont les cous de quelques convives étaient garnis, convainquirent les deux officiers de leur danger. La vérité entra dans l'ame des deux amis en même temps. Ils se révélèrent leurs communes pensées par un regard, car madame du Gua les ayant séparés, ils étaient réduits au langage muet de leurs yeux. La situation commandait d'agir avec prudence ; ils épiaient un moment favorable pour s'entendre ; mais un événement imprévu précipita la crise avant qu'ils pussent en connaître toute la gravité.

Le nouveau convive était un de ces hommes carrés de base comme de hauteur, dont le teint est fortement coloré, qui se penchent en arrière quand ils marchent, semblent déplacer beaucoup d'air et croient qu'il faut plus d'un regard pour les voir. Malgré sa noblesse, celui-là avait pris la vie comme une plaisanterie dont on doit tirer parti ; et, tout en s'agenouillant devant lui-même, il était bon, poli et spirituel à la manière de ces gentilshommes qui, après avoir fini leur éducation à la cour, reviennent dans leurs terres, et au bout de vingt ans ne veulent pas croire qu'ils s'y sont rouillés. Ils manquent de tact avec un aplomb imperturbable, disent spirituellement une sottise, se défient avec adresse du bien et prennent d'incroyables peines pour donner dans un piége.

Lorsqu'il eut, par une certaine habileté de dents, remis son assiette au niveau des autres, il leva les yeux sur la compagnie: son étonnement redoubla en examinant les deux officiers, et il interrogea d'un regard madame du Gua qui, pour toute réponse, lui montra mademoiselle de Verneuil. En voyant la sirène dont la beauté commençait à imposer silence aux sentimens excités par madame du Gua dans l'ame des convives, le gros inconnu laissa échapper un de ces sourires impertinens et moqueurs qui semblent contenir toute une histoire graveleuse. Il se pencha à l'oreille de son voisin, auquel il dit deux ou trois mots. Ces mots, qui restèrent un secret pour les officiers et mademoiselle de Verneuil, volèrent d'oreille en oreille, de bouche en bouche, jusqu'au cœur de celui qu'ils devaient frapper à mort.

Les chefs des Vendéens et des chouans tournèrent leurs regards sur le marquis de Montauran avec une curiosité cruelle; madame du Gua, ivre de joie, passait des yeux du marquis à ceux de mademoiselle de Verneuil étonnée, en lui lançant des éclairs sombres comme la mort; les officiers inquiets se consultaient en attendant le résultat de cette scène bizarre; les fourchettes demeurèrent dans toutes les mains, le silence régna; tous les regards étaient concentrés sur le Gars. Une effroyable rage éclata sur ce visage colère et sanguin qui prit une teinte de cire. Le jeune chef se tourna vers le convive d'où ce serpenteau était parti, et d'une voix qui sembla couverte d'un crêpe :

— Mort de mon ame ! comte, cela est-il vrai?...

— Sur mon honneur !... répondit le comte en s'inclinant avec gravité.

Le marquis baissa les yeux un moment. Il les releva bientôt pour les reporter sur mademoiselle de Verneuil. Attentive à ce débat, elle recueillit ce regard — c'était la mort.

— Je donnerais ma vie, dit-il à voix basse, pour me venger sur l'heure !

Madame du Gua comprit cette phrase au mouvement seul des lèvres. Elle sourit au jeune homme, comme on sourit à un ami dont on vient dissiper le désespoir.

Un mépris général pour de mademoiselle de Verneuil, peint sur toutes les figures, mit le comble à l'indignation des deux républicains. Ils se levèrent.

— Que désirez-vous, citoyens?... demanda madame du Gua.

— Nos épées, *citoyenne*, répondit ironiquement Gérard.

— C'est la femme d'un militaire, dit en riant le capitaine, et il ne faut jamais la laisser seule chez les infidèles!... Elles sont au salon.

— Vous n'en avez pas besoin pour manger?... dit le marquis froidement.

— Non, mais pour combattre!... répondit Gérard en reparaissant; nous nous verrons ici de plus près qu'à la Pélerine.

L'assemblée resta stupéfaite.

A ce moment une horrible décharge interrompit le silence qui régnait. Les deux officiers s'élancèrent sur le perron; ils y furent suivis du marquis. Là ils virent une centaine de chouans ajuster, comme s'ils tiraient des lapins, les derniers soldats qui survivaient à leur première décharge et les faire tomber. Les chouans sortaient de cette rive où Marche-à-terre les avait postés au péril de leur vie; et, dans cette évolution, après ce dernier coup, on entendit, à travers les cris et les soupirs des mourans, tomber quelques chouans dans les eaux où ils roulèrent comme des pierres dans un gouffre.

Pille-miche visait Gérard, Marche-à-terre tenait Merle en respect.

— Capitaine, dit froidement le marquis à Merle, *les hommes comme les nèfles mûrissent sur la paille!*

Il lui montra d'un geste de main l'escorte entière des bleus couchée sur la litière ensanglantée où les chouans achevaient les vivans et dépouillaient les morts avec une incroyable célérité.

— J'avais bien raison de vous dire que vos soldats n'iraient pas jusqu'à la Pèlerine ! ajouta le marquis. Je crois aussi que votre tête sera lourde de plomb avant la mienne, qu'en dites-vous ?

M. de Montauran éprouvait un horrible besoin de satisfaire sa rage. Son ironie envers le vaincu, la férocité, la perfidie même de cette exécution militaire qu'il n'avait pas ordonnée, répondaient à tous les vœux secrets de son cœur : dans sa fureur, il aurait voulu anéantir la France. Les bleus égorgés, les deux officiers vivans, tous innocens du crime dont il demandait vengeance, étaient entre ses mains comme les cartes que dévore un joueur au désespoir.

— J'aime mieux périr ainsi que de triompher comme vous !.... dit Gérard.

Puis, contemplant ses soldats nus et sanglans, il s'écria :

— Les avoir assassinés lâchement, froidement!...

— Comme Louis XVI, Monsieur!... répondit vivement le marquis.

— Monsieur, répliqua Gérard avec hauteur, il existe dans le procès d'un roi des mystères que ni vous ni moi ne comprendrons jamais.

— Accuser le roi! s'écria le marquis hors de lui.

— Combattre la France! répondit Gérard d'un ton de mépris.

— Régicide!

— Parricide!

— Eh bien! vas-tu prendre le moment de ta mort pour te disputer! s'écria gaiement Merle.

— C'est vrai! dit froidement Gérard.

Il se retourna vers le marquis: — Monsieur, si votre intention est de nous donner la mort, fusillez-nous sur-le-champ!

— Te voilà bien! reprit le capitaine, toujours pressé dans ta marche!... mais, mon ami, quand on va loin et qu'on ne déjeune pas le lendemain, on soupe!...

Gérard s'élança fièrement et sans mot dire vers la muraille. Pille-miche l'ajusta en regardant le marquis immobile. Le chouan, prenant le silence de son chef pour un ordre, tua le lieutenant. Il tomba comme un arbre. Marche-à-terre courut pour partager cette dépouille avec Pille-miche; et, semblables à deux corbeaux, ils eurent un débat et grognèrent sur le cadavre encore chaud.

— Si vous voulez achever votre souper, capitaine? dit le marquis à Merle, — vous êtes libre de venir avec moi...

Le capitaine essuyait une larme.

— Heureusement que je vais te suivre, mon pauvre camarade, dit-il; je veux boire une rasade à ta san... — Que je suis bête, il est mort!

Il rentra machinalement avec le marquis, en disant à voix basse, comme s'il s'adressait un reproche :

— C'est cette diablesse de fille qui est cause de ça! Que dira Hulot?...

— Cette fille!... s'écria le marquis d'un ton sourd. — Est-ce donc une fille?...

Le capitaine semblait avoir ordonné la mort du marquis. Ce dernier, pâle, défait, morne, suivait d'un pas chancelant le républicain.

Pendant que cette scène avait lieu, il se passait dans la salle à manger une autre scène à laquelle l'absence du marquis laissa prendre un caractère tellement sinistre, que mademoiselle de Verneuil, ne voyant plus son protecteur, put croire à l'arrêt de mort que les yeux de sa rivale lui lançaient.

Au bruit de la décharge, tous les convives s'étaient levés, moins madame du Gua.

— Rasseyez-vous, dit-elle, ce n'est rien : — nos gens tuent les bleus !

Lorsqu'elle vit le marquis dehors, elle se leva.

— Mademoiselle que voici, s'écria-t-elle avec le calme d'une rage sourde, venait nous enlever le Gars ! —Elle venait essayer de le livrer à la République !...

— Je l'aurais pu livrer vingt fois pour une depuis ce matin, et je lui ai peut-être sauvé la vie !.... répondit avec noblesse mademoiselle de Verneuil.

Alors madame du Gua s'élança sur sa rivale avec la rapidité de l'éclair. Elle brisa, dans son emportement aveugle, le faibles brandebourgs du spencer de la jeune fille, surprise par cette soudaine irruption. Ses mains hardies et brutales violèrent l'asile sacré où la lettre était cachée : elle déchira l'étoffe, la broderie du corset, la chemise; et, profitant de cette recherche pour assouvir sa jalousie, elle frappa avec tant d'adresse et de fureur la gorge palpitante de sa rivale, qu'elle y laissa les traces sanglantes de ses ongles, éprouvant un sombre plaisir à lui faire subir une si odieuse prostitution.

Dans la faible lutte que mademoiselle de Verneuil opposait à sa rivale furieuse, sa capote dénouée tomba : ses cheveux, rompant leurs liens, s'échappèrent en boucles ondoyantes; son visage rayonna de pudeur; deux larmes tracèrent un chemin humide et brûlant le long de ses joues; elles rendirent le feu de ses yeux plus puissant; le tressaillement de la honte la livra toute frémissante aux regards. Des juges même endurcis auraient cru à son innocence en voyant sa douleur.

La haine calcule si mal, que madame du Gua ne s'aperçut pas qu'elle n'était écoutée de personne pendant que, triomphante, elle s'écriait :

— Voyez, Messieurs, ai-je donc calomnié cette horrible créature?...

— Pas si horrible, dit tout bas le gros convive, auteur du désastre. J'aime prodigieusement ces horreurs-là, moi!...

— Voici, reprit la cruelle Vendéenne, un ordre contresigné Dubois-Crancé, Fouché et Laplace.

A ces noms, quelques convives levèrent la tête.

— Et en voici la teneur!... continua madame du Gua :

« Les commandans militaires de tous grades, les administrateurs de district, les procureurs-syndics, etc., des départemens insurgés, et particulièrement ceux des localités où se trouvera le ci-devant marquis de Montauran, chef des chouans nommé le Gars, devront prêter secours et assistance à mademoiselle Marie de Verneuil et se conformer aux ordres qu'elle pourra leur donner, chacun en ce qui le concerne. »

— Une fille d'Opéra prendre un nom illustre pour le souiller de cette infamie!... ajouta madame du Gua.

Un mouvement d'horreur se manifesta dans l'assemblée.

— La partie n'est pas égale si la république emploie d'aussi jolies femmes contre nous!... dit gaiement le jeune chevalier de Renty.

— Surtout des samaritaines qui ne

mettent rien au jeu! répliqua madame du Gua.

— Mademoiselle a un domaine qui doit lui rapporter une grosse rente! dit le garde-chasse.

— La république aime donc bien à rire, qu'elle nous envoie des filles de joie en ambassade! s'écria l'abbé Gudin.

— Mais Mademoiselle recherche malheureusement des plaisirs qui tuent, reprit madame du Gua avec une horrible expression qui indiquait le terme de ces plaisanteries.

— Comment donc vivez-vous encore, Madame?.. dit la victime en se relevant, après avoir réparé le désordre de sa toilette.

Cette fierté imprima une sorte de respect et imposa silence à l'assemblée où madame du Gua recueillit sur les lèvres des chouans une ample moisson de sourires dont l'ironie la mit en fureur.

— Pille-miche, dit-elle en se tournant vers la porte où elle n'aperçut pas, dans son délire, le marquis et le capitaine immobiles spectateurs de cette scène; Pille-miche, emporte-la! — Elle lui désigna du doigt la victime. — C'est ma part du butin, je te la donne... fais-en *tout* ce que tu voudras!

A ce mot — tout — prononcé par cette femme, l'assemblée entière frissonna.

Les têtes hideuses de Marche-à-terre et de Pille-miche qui se montrèrent à la porte derrière le marquis achevaient le tableau. Le supplice apparaissait dans toute son horreur.

Francine debout, les mains jointes, les yeux pleins de larmes, restait comme frappée de la foudre. Mademoiselle de Verneuil, recouvrant dans son danger une incroyable présence d'esprit, jeta sur l'assemblée un regard de mépris, se saisit de la lettre que tenait madame du Gua, et levant la tête, l'œil sec et brillant, elle se tourna vers la porte où l'épée de Merle était restée; mais là elle rencontra le marquis froid et immobile comme une statue. Rien ne plaidait pour elle sur ce visage dont tous les traits étaient fixes et fermes. Là elle fut blessée dans son cœur. L'amour s'enfuit. La vie lui devint odieuse. Il avait entendu les plaisanteries dont elle venait d'être accablée, et restait le témoin glacé de la prostitution qu'elle endura lorsque les beautés réservées à l'amour essuyèrent tous les regards!... Oh! elle lui aurait pardonné son mépris, mais non le crime d'avoir été vue ainsi par lui dans l'infamie. Elle amassa dans le regard stupide qu'elle lui lança tous les venins de la haine. Elle sentit naître d'effroyables désirs de vengeance; mais voyant la mort derrière elle, son impuissance l'étouffa. Il s'éleva en elle comme un tourbillon de folie : son sang bouillonnant lui fit voir le monde comme un incendie ; elle saisit l'épée, la brandit sur le marquis, la lui passa entre le bras et le corps, l'enfonça là jusqu'à la garde ; mais il posa une main sur cette jolie main furieuse, l'arrêta par le poignet ; et, aidé par Pille-miche, il entraîna cette créature égarée hors de la salle.

Ce chouan s'était jeté sur mademoiselle de Verneuil au moment où elle essaya vainement de tuer le marquis, et il la tenait par un bras.

A ce spectacle Francine jeta des cris perçans.

— Pierre ! Pierre ! Pierre !... s'écria-t-elle avec des accens lamentables ; et, tout en criant, elle suivit sa maîtresse.

Le marquis, laissant le capitaine et l'assemblée stupéfaits, ferma la porte de la salle. Quand il arriva sur le perron, il tenait d'une main le poignet de cette femme et la serrait par un mouvement convulsif, tandis que Pille-miche, gardant l'autre bras dans sa main, chassait de ses doigts nerveux une douce peau blanche de manière à se mettre en contact avec des os délicats comme ceux d'un jeune poulet. Mademoiselle de Verneuil, ne sentant que les doigts brûlans du marquis, le regarda froidement et lui dit :

— Monsieur, vous me faites mal !

Il la contempla un moment pendant lequel elle continua ainsi :

— Avez-vous donc quelque chose à venger bassement comme cette femme ?

Puis, frissonnant à l'aspect des cadavres qu'elle aperçut étendus sur la paille, elle s'écria :

— La foi d'un gentilhomme !... ah ! ah ! ah !...

Elle rit affreusement et ajouta : — Quelle belle journée !...

— Oui, belle !... répéta-t-il, mais sans lendemain !

Il abandonna la main de mademoiselle de Verneuil, après avoir contemplé d'un dernier, d'un long regard, cette ravissante créature à laquelle il essayait encore de supposer de l'innocence. Alors, aucun de ces deux esprits altiers ne voulut fléchir. Le marquis attendait peut-être une larme ; mais les yeux de la jeune fille restèrent secs et fiers. Il se retourna vivement, laissant à Pille-miche sa victime.

— Je mourrai donc sans regret ! dit-elle.

Pille-miche l'entraîna avec une douceur respectueuse : il paraissait embarrassé d'une si belle proie.

Le marquis, poussant un sourire, rentra dans la salle. Il offrit à ses hôtes un visage semblable à celui d'un mort dont aucune main charitable n'aurait fermé les yeux.

FIN DU TOME SECOND.

www.ingramcontent.com/pod-product-compliance
Lightning Source LLC
LaVergne TN
LVHW010559110826
845149LV00003B/708

* 9 7 8 2 0 1 2 1 5 5 0 5 3 *